ジョルジョ・アガンベン

私たちはどこにいるのか？

高桑和巳 訳

A che punto siamo?

L'epidemia come politica

Giorgio Agamben

政治としてのエピデミック

青土社

私たちはどこにいるのか？　目次

私たちはどこにいるのか？　政治としてのエピデミック

附記

本書に収められているテクストは、とくに記していないばあいクォドリベット社のサイト（quodlibet.it）にある「一つの声」欄での発表が初出である。

前書き

船が沈もうというときに、私たちは船荷について議論している。

ヒエロニムス

ここに収めたテクスト群は、保健衛生上の緊急事態によって例外状態とされた数ヶ月のあいだに書かれたものである。随時なされた発言で、非常に短いものも多いが、これらはパンデミックと言われているものの倫理的・政治的な帰結について省察しようとするものであり、またそれとともに、例外化措置によって描き出されていた政治的パラダイムの変容を定義づけようとするものである。

じつのところ、私たちは緊急状態の始まりから四ヶ月以上が経ったいま、自分が証人となった出来事の数々をより広い歴史的見地から考察すべきである。世界を統治している諸権力は、人間と事物を対象とする自分たちの統治パラダイムを徹頭徹尾変容させるためにパンデミックを口実に使おうと決めたが——この点においては、当のパンデミックが真であるか紛《まが》いものであるかは重要ではない——、このことが意味するのは、彼らの目には旧来の統治モデルが徐々に容赦なく衰退へと向かうもの、新たな要請の数々にはもはや適さぬものと映っているということである。三世紀にローマ帝国を混乱させた危機に直面したディオクレティアヌス、次いでコンスタンティヌスは、ビザンツ専制において頂点に達することになる行政・軍事・経済のラディカルな構造改革を企てた。いまの支配的な諸権力はそれと同じように、ブルジョワ民主主義の諸パラダイムを彼らの諸権利、議会、憲法もろともに惜しみなく捨て去ろうと決めた。その代わりに彼らが置こうとする新たな諸装置の図案は私たちもかろうじて垣間見ることができるが、それはおそらく、輪郭を描いている当の者たちにさえ依然、まったく明瞭ではない図案である。

だが、彼らが課そうとしている大変容を定義づけるのは、その変容を形式上可能にした道具にあたるものが新たな法典ではなく、例外状態だということである。例外状態とはつまり、憲法上の保証の数々を単純に宙吊りにするということである。この点では、この変容は一九三三年にドイツで起こったこととといくつかの接点を有している。そのとき、新首相アドルフ・ヒトラーはヴァイマール憲法を形式上は廃止することなく例外状態を宣明したが、その例外状態は十二年にわたって続いた。憲法上の規定は一見したところ効力を維持されていたが、事実上は無効化されてしまった。ただ、ナチ・ドイツではそのために、明らかに全体主義的なイデオロギー装置を展開することが必要ではあった。それに対して、私たちが証人となっているこの変容のほうは、純然たる保健衛生上の恐怖を創設することによって、また一種の健康教を創設することによって働いている。ブルジョワ民主主義の伝統においては権利であった市民の健康が、人々の気づかぬうちに、いかなる対価を払っても果たすべき法的 - 宗教的義務へと顚倒してしまっている。その対価がどれほど高いものになりうるかを私たちはたっぷりと計り知ることができたし、この先、また政府が対価の支払いを必要とするならば、おそらく私たちはそのつど、その対価の高さを計り知ることになるだろう。

新宗教である健康教と、例外状態を用いる国家権力との接合から帰結する統治装置を、私たちは「バイオセキュリティ」と呼ぶことができる。おそらくこれは西洋史上、最も効果的な統治装置である。じつのところ、経験によって示されたのは、ひとたび健康への脅威が問題になれば、人間たちは自由の制限を受け容れる用意があるらしいということである。そのような自由の制限が容認されうるものだとは、両大戦間期にも、全体主義的独裁下でも一度として想像されなかった。二〇二一年一月三十一日まで延長された例外状態は、この国の歴史における法の宙吊りとしては最長のものとして記憶されることになろう。この法の宙吊りは市民からも、そしてとりわけ代議機関からも何の異議申し立ても受けずに実行されている。中国の例の後、西洋にとってはまさにイタリアこそが、最も極端な形式で新たな統治技術が試される実験室となった。パンデミックにおいて本当に賭けられていたものを未来の歴史家たちが明らかにしたとき、この期間はイタリア史の最も恥ずべき時機の一つとして姿を現すことになろう。人々を導き統治した者たちは、倫理的な気の咎めなどいっさいない無責任な者たちとして姿を現すことになろう。

この大変容の法的‐政治的装置にあたるのが例外状態であり、宗教的装置にあたるのが科学であるとして、この変容は社会的諸関係という面では実効性をデジタル・テクノロジーに委ねた。いまや明白だが、このテクノロジーは人間関係の新たな構造を定義づける「社会的距離確保」と一体化している。人間関係は、物理的にそこにいるということをあらゆる機会において可能な限り避けなければならなくなる。また、すでに事実上しばしば起こっていたことだが、人間関係はますます効果的、ますます浸透的になっていくデジタル諸装置を通じて展開されなければならなくなる。社会的諸関係の新たな形式は接続であって、接続しない者はあらゆる関係から排除され、周縁へと断罪される傾向にある。

しばしば起こることだが、進行中の変容の力を構成している当のものは、その弱さでもある。保健衛生上の恐怖の流布は、断層のない、揺るぎなく一致したメディア装置を必要としたが、そのような装置をこの先も手つかずのまま維持するのは容易ではないだろう。あらゆる宗教と同様、医学教には異端や不一致がある。エピデミックの現実や重大性なるものは、権威ある発言の数々によって各方面から異議申し立てを受けている。それは、日々なされる、科学的一貫性をいっさい欠いた数字の流布によっても無際限に支えることはできないだろう。このことを最初に意識したのがまさに支配的諸権力だというのもありそうなことである。自分たちが危険に陥ると予感したのでなければ、彼らはこれほど極端な、非人間的な諸装置に依拠することはなかっただろう。この数十年というもの、制度的諸権力の正統性は徐々に失われている。制度的諸権力はこの正統性の喪失を、ただ永続的な緊急事態の生産によってのみ、またそれによって産出されるセキュリティへの欲求によってのみ堰き止めることができた。今回の例外状態はいつまで、どのような様態で延長されうるのだろうか？　確かなのは、新たな抵抗形式の数々が必要となるだろうということである。ブルジョワ民主主義という廃れた形式も取らず、またそれに取って代わりつつあるテクノロジー的－保健衛生的な専制という形式も取らない来たるべき政治を考えることを放棄しない者たちは、その新たな抵抗形式に徹底的に専念しなければならないだろう。

1　エピデミックの発明

コロナウイルス由来のエピデミックと仮定されたものに対する緊急措置は、熱に浮かされた、非合理的な、まったくいわれのないものである。この措置を前にしておこなうべきは、イタリア学術会議の声明を出発点とすることである。その声明によれば、「イタリアにはSARS-CoV-2のエピデミックはない」のみならず、「今日入手可能な数万の症例に関する疫学データにもとづけば、感染は症例の八〇—九〇%において軽度/中等度の症状（一種のインフルエンザ）を引き起こす。一〇—一五%において肺炎が起こるが、その大多数において良好に経過する。集中治療室への収容を必要とするのは患者の四%のみという計算になる」。

これが現実の状況だとすると、メディアや当局が全国で激しい移動制限をおこない、生活や労働のありかたが通常に機能することを宙吊りにして正真正銘の例外状態を引き起こし、パニックの雰囲気を広めようと手を尽くしているのはなぜか?

これほど均整を欠いた振る舞いは、二つの要因によって説明がつく。例外状態を通常の統治パラダイムとして用いるという傾向はますます強まっているが、まずは、ここでもまたその傾向が現れている。事実、「衛生上、および公共のセキュリティ上の理由から」政府によってただちに承認された緊急政令は、つまるところ「感染源不明の人が一人以上確認された自治体・地域、もしくはすでにウイルスに感染している地域から来た人に結びつけることのできない症例のある自治体・地域」の正真正銘の軍事化を引き起こしている。これほどぼやけた、無規定な言いまわしでは、例外状態が全国に速やかに拡大されるということが可能になるだろう。さらなる症例が他の場所で確認されないなどというのはほとんどありえないことだからである。政令によって予測されている、自由に対する重大な制限のことをよく考えてほしい。a：当該自治体・地域にいる全個人に対する転出禁止。b：当該自治体・地域への進入禁止。c：場所の公私を問わず、あらゆる性質のデモや企画、イベント、あらゆる形態の集会の中止。文化・娯楽・スポーツ・宗教に関わるものもすべて中止。公衆向けの、閉ざされた場での開催も中止。d：幼児から小中高までの教育サービスの中止、また教育活動への出席や高等教育の中止。ただし遠隔教育を除く。e：博物館・美術館ならびに、文化財景観法典第一〇一条、二〇〇四年一月二十二日付政令第四十二号に関わるその他の文化施設・場の、公衆に対する入場サービスの中止。当該施設・場への無料入場に対する中止措置の実効性は言を俟《ま》たない。f：国内、国外を問わず、教育目的のいっさいの旅行の中止。g：倒産手続きの中止、また、公益ある本質的サービスの提供以外の役所の活動の中止。h：拡散された伝染病の症例であると確認された者と濃厚接触した個人に対する、積極的監視をともなう検疫隔離措置の適用。

毎年繰り返されるインフルエンザとそれほど違わない通常のインフルエンザであるとイタリア学術会議が言っているものに対するこの措置の不均衡は、火を見るより明らかである。例外化措置の原因としてのテロは枯渇してしまったが、その代わりにエピデミックの発明が、あらゆる限界を超えて例外化措置を拡大する理想的口実を提供できる、というわけである。

もう一つの要因のほうも、これより不安を生まないわけでもない。その要因とは、この数年、明らかに人々の意識の中に流布されてきたセキュリティ不全・恐怖のことである。これは集団パニック状態への正真正銘の欲求として表現されるが、これに対してもやはり、エピデミックが理想的口実を提供してくれる。およそありうる最小の存在によって引き起こされる恐怖の大きな波が人類を襲いつつあり、その人類を世界の有力者たちは自分たちの目的にしたがって導き方向づける、というわけである。このようにして、倒錯した悪循環の中で次のようなことが起こる。すなわち、諸政府によって課される自由の制限はセキュリティへの欲望の名において受け容れられるが、当の諸政府こそがセキュリティへの欲望を駆り立て、その欲望を充たすべくいまや介入をおこなう。

——二〇二〇年二月二十六日
『イル・マニフェスト』紙

2

感染

こいつはペスト塗りだ！　叩け！　叩け！
このペスト塗りを叩け！
アレッサンドロ・マンゾーニ『いいなづけ』

コロナウイルスによるエピデミックと言われているものを機に、イタリアではパニックがあらゆる手段を取って広まろうとしている。このパニックの最も非人間的な帰結の一つは、他ならぬ感染という観念の中にある。政府によって採用された例外的な緊急措置はこの観念にもとづいている。感染というこの観念はヒッポクラテス医学とは無縁である。無意識裡にこの観念の第一の先駆者となったものは、十六―十七世紀にイタリアの諸都市を荒廃させたペスト流行のあいだに見られる。ペスト塗りがそれである。マンゾーニが小説〔『いいなづけ』〕や論考『汚名柱の物語』で不滅のものとした形象である。一五七六年のペストに対してミラーノで発布された「布告」はペスト塗りを次のように描写し、これを告発するよう市民に求めている。

このミラーノ市の人民・住民を恐怖させるべく、また何らかの騒乱へと扇動すべく、慈愛に欠ける幾人かの者たちが家々の扉や閂《かんぬき》、市街の道角、国のその他の場所に感染性のペストの油脂を塗り、私的な場にも公的な場にもペストをもたらそうとしている、ということが総督の知るところとなった。人々のあいだ、とくにそのようなことを容易に信ずる者たちのあいだに多くの不都合、浅からぬ被害が生じていることから［…］どのような肩書き、身分、地位、階層、境遇の者も次のことを理解せよ。これから四十日のあいだ［…］そのような無礼を支持したり、助けたり、知ったりした一人もしくは複数の人物を告発すれば、五百スクードを与える［…］。

しかるべき違いをふまえれば、最近の措置（政府がこの措置のために発している政令は、予測されている期限内に議会によって法として了承されることはないだろうというのが私たちの望みだ——が、そんなことは幻想である）は事実上、それぞれの個人を潜在的なペスト塗りへと変容させている。これはちょうど、テロに対する措置が、事実上も権利上も全市民を潜在的なテロリストと見なしていたのと同じである。この類比は明白であって、その明白さたるや、規定に関わりのない潜在的なペスト塗りが監獄送りになっているほどである。とくに嫌われているのは健康な、もしくは感染初期のウイルス保有者という形象であって、そのような者からは多くの個人が、ペスト塗りから身を守ったようにも身を守ることができず、感染してしまう。

私見では、この措置のうちに暗に含まれている自由の制限よりも悲しいのは、この措置によって人間関係の零落が生み出されうるということである。それが誰であろうと、大切な人であろうとも、その人には近づいても触ってもならず、その人と私たちのあいだには距離を置かなければならない。その距離は一メートルだと言う者たちもいるが、専門家と言われている者たちの最新の勧告によれば、それは四・五メートルでなければならないという（なんと興味深い五〇センチか！）。私たちの隣人なるものは廃止された。統治者たちの倫理的な一貫性のなさを考えれば、統治者たちが、この措置によって引き起こされようとしている当の恐怖によって措置を強いられたということもありえはする。だが、この措置によって作り出される状況がちょうど、私たちを統治している者が幾度も実現しようとしてきた当の状況だということを考えないでいるのは難しい。その状況とはすなわち、大学や学校がこれを限りと閉鎖され、授業がオンラインだけでおこなわれ、政治的もしくは文化的な話をする集会が中止され、デジタルなメッセージだけが交わされ、いたるところで機械が人々のあいだのあらゆる接触——あらゆる感染——の代わりとなりうる、という状況である。

——二〇二〇年三月十一日

3

説明

この国はいまエピデミックによって、死者に対する敬意さえもはやない倫理的混乱の中へと投げこまれている。その倫理的混乱に関する私の考察を、あるイタリア人ジャーナリストは自分の職業を正しく用いて歪め、別ものへと偽造することに意を尽くした。その名は挙げるにも値しないし、その明らかな小細工をいちいち修正する労を取るにもおよばない。読みたい人は誰でも、出版社クォドリベットのサイトに載せてある私のテクスト「感染」を読むことができる。ここではむしろ、それとは別の考察を公にする。だが、おそらくは以下の考察もまた、言わんとするところは明瞭であるにもかかわらず、別ものへと偽造されてしまうのだろう。

恐怖というのは悪い助言者ではあるが、人が見ないふりをしていた多くのものを出現させてくれる。この国を麻痺させたパニックの波がはっきり示している第一のことは、私たちの社会はもはや剥き出しの生以外の何も信じていないということである。少なくともいまのところ、病気になる危険は統計的に言ってそこまで深刻ではないが、この危険を前にしたイタリア人に、ほとんどすべてのものを犠牲にする用意があるというのは明らかである。ほとんどすべてのものとは、通常の生活のありかたや社会的諸関係や労働、さらには友人関係や情感や宗教的・政治的な信念のことである。剥き出しの生——剥き出しの生を失うことへの恐怖——は人間たちを結びつけるものではない。人間たちの目を見えなくさせ、彼らを互いに分離するものである。マンゾーニが描写しているペストにおいてそうであるように、いまや他の人間は誰であれ、いかなる対価を払っても避けるべき、ペスト塗りかもしれない存在とのみ見なされ、少なくとも一メートルの距離を置かなければならない。死者――私たちの死者――は葬儀を執りおこなわれる権利がないし、愛しい人の死骸がどうなるのかはっきりしない。私たちの隣人なるものは抹消された。このことについて教会が沈黙しているのは興味深い。いつまで続くのかもわからぬまま、このようなしかたで生きることに慣れていく国にあって、人間関係はどのようなものになるのか？　延命以外の価値をもたない社会とはどのようなものか？

エピデミックはこの第一のことをはっきり出現させているが、これより不安を生まないわけでもないことがもう一つある。それは、諸政府が以前から私たちを慣れさせてきた例外状態が、本当に通常のありかたになったということである。より深刻なエピデミックは過去にもあったが、だからといって今回のような、私たちの移動まで阻止する緊急状態を宣明しようと考えた者など誰もいなかった。人間たちは、永続する危機状況、永続する緊急事態において生きることにこれほどにも慣れてしまった。自分の生が純然たる生物学的なありかたへと縮減され、社会的・政治的な次元のみならず、人間的・情感的な次元のすべてを失った、ということに彼らは気づいていないのではないかと思えるほどである。永続する緊急状態において生きる社会は、自由な社会ではありえない。私たちが生きているのは事実上、「セキュリティ上の理由」と言われているもののために自由を犠牲にした社会、それゆえ、永続する恐怖状態・セキュリティ不全状態において生きるよう自らを断罪した社会である。

ウイルスに対して戦争が云々されるのも驚くにはあたらない。緊急措置によって私たちは事実上、外出禁止令という条件下で生きることを義務づけられる。だが、他の誰の中にも巣くっているかもしれない不可視の敵に対する戦争など、戦争の中でも最も莫迦げたものである。じつは、これは内戦である。敵は外にいるのではなく、私たちの中にいる。
心配なのは現在のことだけではない。もっと心配なのはこの後のことである。これまでの戦争は有刺鉄線から原子力発電所に至る一連の不吉なテクノロジーを、平和に対して遺産として遺してきた。それと同じように、保健衛生上の非常事態が終わった後にもしかじかの実験が続けられるというのはありそうなことである。それは諸政府がこれまで実現に成功してこなかった実験、すなわち、学校、大学、あらゆる公共の場において、物理的にそこにいるということの代わりにデジタル諸装置が置かれ、物理的にそこにいるということのほうは私的圏域に、家の壁の内側にしかるべき対策を施しつつ隔離されたままとされる、という実験である。つまり、問題になっているのは、あらゆる公共空間の純然たる廃止である。

——二〇二〇年三月十七日

4

私たちはどこにいるのか？

いま私たちのいる緊急状況において、生きるとは何を意味するのか？なるほど、それは家にいることを意味する。だがそれはまた、当局やメディアによってあらゆる手段を用いて広められているパニックに動じないこと、自分以外の人間はペスト塗り、ありうべき感染源であるのみならず、何よりもまずは愛や救援を送るべき隣人でもあるということを忘れずにいることをも意味する。なるほど、それは家にいることを意味する。だがそれはまた、明晰さを失わないこと、この国で軍事化された緊急事態が布告されたときに、その緊急事態がとりわけ、保健衛生システムを解体することによって背負いこんだ重大きわまる責任を諸政府が市民に押しつける一つのやりかたでもあるのではないかと自問することをも意味する。なるほど、それは家にいることを意味する。だがそれはまた、自分の声を聞かせること、奪われた資金を公立病院に戻すよう求めること、国の保健衛生システムを破壊したことは自己証明書をもたずに家から出ることとは比べものにならないほど重大な犯罪だと判事たちに思い出させることをも意味する。

結局それは、緊急事態が過ぎ去ったときに何をしようか、生きることをどのように再開しようかと自問することを意味する。というのもこの国は、ウイルス学者たちやにわか専門家たちの一致しない見解とは無関係に、生きることへと戻ることを必要としているからである。だが、確かなことが一つある。私たちは単にすべてを以前のように再開することはできないということである。金銭教によって、また行政担当者たちの盲目によって私たちは極端な状況へと導かれたが、私たちはその状況をこれまでどおり見ないふりをしているということはできないだろう。自分たちの横断した経験が何かに役立てられるとするならば、私たちは自分たちが忘れてきた多くのものを学びなおさなければならないだろう。私たちは何よりもまず、自分たちの生きているこの地球に、また自分たちの住んでいる都市に、これまでとは異なるまなざしを向けなければならないだろう。私たちはきっと、無駄な商品の購入を再開するように言われるだろう。以前と同様に、そうした商品を広告が押しつけようとしてくるだろう。だが私たちは、そのような購入の再開に意味があるのかと自問しなければならない。また、任意の必要に対してスーパーマーケットに依存するのではなく、その代わりに、少なくとも基本的な必需品については近隣でまかなえるほうがもしかすると有用ではないかと自問しなければならない。私たちは、また飛行機に乗って遠い場所に休暇を過ごしに行くのは正しいことかと自問し、いま生活している場所に住むことを学びなおすこと、その場所により注意深いまなざしを向けることを学びなおすことのほうがもしかすると急を要するのではないかと自問しなければならない。というのも、私たちは住む能力を喪失したからである。自分の住む都市や村が旅行者向けの遊園地へと変容することを私たちは受け容れてしまったが、エピデミックが当の旅行者たちを消滅させた。他のいかなる生活形式をも捨て去った都市が亡霊的な非場所へと縮減されてしまったいま、私たちはこれは誤った選択だったと理解しなければならない。金銭教によって、また行政担当者たちの盲目によって選ぶよう示唆されてきた他のほとんどすべての選択と同様にである。

一言で言えば、私たちは唯一の重要な問いを真面目に立てなければならない。それは、偽の哲学者たちが何世紀にもわたって繰り返してきた「私たちはどこから来たのか？」や「私たちはこの先どこに行くのか？」といった問いではなく、単に「私たちはどこにいるのか?」という問いである。自分がどのように回答できようと、自分がどこにいようと、ともかくも言葉によってのみならず自分たちの生によっても私たちが回答を試みるべきはこの問いである。

——二〇二〇年三月二十日

(このテクストは『コッリエーレ・デッラ・セーラ』紙の求めに応じて書かれたが、掲載を拒否された)。

5 ペストに関する省察

以下の省察はエピデミックに関するものではなく、エピデミックに対する人間の反応から私たちに理解できることに関するものである。自分がペストに感染したと感ずること、自分を家に隔離すること、通常の生活のありかた、労働や交友や愛に関わる諸関係、さらには宗教的・政治的な信念までをも宙吊りにすること、こうしたことを社会全体が容易に受け容れたわけだが、つまりはその容易さについて省察したい。抗議や反対が起こるのは想像できたし、このような事例では起こるのが常なのに、なぜそうならなかったのか？　私の示唆したい仮説は次のとおりである。何らかのしかたで、無意識裡にであれ、ペストはすでにそこにあった。すでに人々の生活のありかたはそのようになっていた。それがありのまま――つまりは、ちょうどペストよろしく堪えがたいものとして――姿を現すには、不意のしるしが一つあれば充分だった。ある意味でこれは、現在の状況から引き出すことのできる唯一の肯定的な所与である。後になって、かつての生きかたは正しかったのかと人々が自問しはじめるというのはありうることだ。

これにおとらず省察すべきは、この状況によって出現してくる宗教への欲求についてである。その状況証拠となるのは、メディアのしつこい言説において見られる、終末論の語彙から借用された用語法である。その用語法は、とりわけアメリカの新聞で見られることだが、今回の現象を描写するために「黙示《アポカリプス》」という単語に強迫的に頼っており、また、しばしば世界の終わりなるものを明示的に喚起している。それはまるで、教会が宗教的欲求をもはや充足させることができず、その欲求が手探りで別の身の置き場を探し、科学という、事実上現代の宗教となっているものにおいてその身の置き場を見いだしたというかのようである。科学はあらゆる宗教と同様、迷信と恐怖を生み出すことができる。そうでなくとも、科学はともあれ迷信と恐怖を広めるために用いられうる。今日ほど、互いに矛盾するさまざまな見解と指示のスペクタクルに人々が立ち会ったことはない。このようなスペクタクルは危機の時機の宗教に典型的なものであって、その見解や指示は、片や今回の現象の重大性を否定する少数派の異端的立場（とはいえ威信ある科学者たちによって代表されている）から、片やその重大性を肯定する支配的な正統的言説に至るまでさまざまだが、とはいえその正統的言説の中にも、当の現象にどのように立ち向かうかに関してはしばしばラディカルな不一致が見られる。このような事例ではいつものことだが、幾人かの専門家ないし自称専門家が君主の好意を確保することに成功する。君主はというと、キリスト教徒たちを二分した宗教論争の時代同様、自分の利害にしたがってこちらの流れに与したりあちらの流れに与したりして、その措置を押しつけてくる。

考えるべきことがもう一つある。それは、あらゆる信念、共通の信が明らかに崩壊したということである。人間たちはもはや何も信じていない――いかなる対価を払っても救済すべき、剝き出しの生物学的実存を除けば何も――というわけである。だが、生命を失うかもしれないという恐怖を基礎として創設されうるのは暴政だけ、剣を抜いた怪物的なリヴァイアサンだけである。

だから――ひとたび緊急事態、ペストが終わったと宣明され、実際に終わったならば――、少なくとも最低限の明晰さを保っている者は、以前のような生きかたに戻ることはできないだろうと私は思う。これはもしかすると今日、最も絶望的なことかもしれない――かつて言われたように「希望をもはやもたぬ者のためにのみ希望は与えられた」としてもである。

——二〇二〇年三月二十七日

6
エピデミックは
例外状態が規則となったことを示している

―― あなたは『イル・マニフェスト』紙に発表なさったテクストで、COVID-19のパンデミックは仮定されたエピデミックであり、これは一種のインフルエンザにすぎないと書きました。とくにイタリアでの犠牲者数とウイルスの伝播の速さを考慮して、この断言を悔やんでいらっしゃいますか?

私はウイルス学者でも医師でもありません。その論考では、当時の(およそ一ヶ月前の)イタリア学術会議の意見だったものをそのまま引用しただけです。

それに、ヨーロッパ評議会の保健委員会議長だったヴォルフガング・ヴォダルクは、誰でも見ることのできるビデオでさらに先を行っていて、いま我々はウイルスに起因する疾病の影響をではなく、それを研究対象にしている専門家たちの活動のほうを測っているのだ、と断言しています。ただ、エピデミックに関する科学者間の論争に入りこもうというのは私の意図ではありません。私が関心があるのは、そこから派生する、きわめて重大な倫理的・政治的帰結にです。

――「例外化措置の原因としてのテロは枯渇してしまったが、その代わりにエピデミックの発明が、あらゆる限界を超えて例外化措置を拡大する理想的口実を提供できる、というわけである」。どのような意味において発明なのですか？　テロもエピデミックも、現実のものでありながら、およそ受け容れられない政治的帰結を導きうるのですか？

政治の領域で発明を云々するときは、ただ主観的なだけの意味で了解してはならないということを忘れてはいけません。いわば客観的な陰謀があるということを歴史家たちは知っています。同定しうるこれこれの主体によって指導されることなく、客観的なものとして機能するように思われる陰謀です。私よりも前にフーコーが示しているように、セキュリティというパラダイムを使う諸政府は、必ずしも自分から例外状況を生み出すことで機能するのではなく、例外状態が生み出されたらそれをいいように使って導くことで機能する。中国政府のような全体主義的な政府にとって、エピデミックは一つの地域をまるごと隔離・制御できるかどうかという可能性を確かめるのに理想的な道具だった、と考えているのが私一人ではないのは確かです。ヨーロッパにおいて、見倣うべきモデルとして中国が参照されていますが、このことが示しているのはただ、恐怖によって私たちの投げこまれた政治的無責任がどれほどのものかということだけです。中国政府が、自分が適切と見なしたときにエピデミックの収束を宣明しているといういささか奇妙な事実について問う必要があるでしょう。

――科学者たちの目には隔離がウイルスの伝播を食い止める唯一の方法だと映っているのに、例外状態はいわれのないものだとあなたがお考えなのはなぜですか？

私たちは言語のバベル的混乱状況の中にいるわけですが、そのような状況においては、それぞれのカテゴリーが、他の者たちの道理を考慮に入れることなく自らの固有な道理を追求します。ウイルス学者にとって、闘うべき敵はウイルスです。医師にとって、唯一の目標は治癒です。政府にとっては、それは制御を維持することです。私もまた、払うべき対価が高すぎてはならないと口にするとき、同じことをしているのかもしれない。

ヨーロッパではこれまでも、はるかに重大なエピデミックが起こっていますが、だからといって、今回イタリアやフランスでなされている、ほとんど私たちが生きるのを妨げるほどの例外状態を宣明しようと考えた者は誰もいない。いまのところイタリアでは、この疾病は人口千人あたり一人未満の死者しか出していないということを考慮すると、エピデミックが深刻化すると何がおこなわれるのだろうかと思います。恐怖というのは悪い助言者であって、この国を、誰もが自分の同類たちを感染の機会として見るペストまみれの国へと変容させることが本当に正しい解決だとは私は思いません。偽の論理はつねに同じ論理です。テロを前にして、自由を保護するために自由を抹消する必要があると断言されたのと同じように、いまは、生を保護するために生を宙吊りにする必要があると言われています。

―― もしかすると、私たちはいま、永続的な例外状態が作動するところに立ち会っているのでしょうか？

諸政府が以前から私たちを馴染ませてきた例外状態が、通常のありかたになったということをエピデミックは明らかに示しました。人間たちは永続的な例外状態において生きることにこれほどにも慣れてしまった。自分の生が純然たる生物学的なありかたへと縮減され、政治的な次元のみならず、端的に人間的な次元のすべてを失った、ということに彼らは気づいていないのではないかと思えるほどです。永続する緊急状態において生きる社会は、自由な社会ではありえません。今日、私たちが生きているのは、「セキュリティ上の理由」と言われているもののために自由を犠牲にした社会、そのようにして、永続する恐怖状態・セキュリティ不全状態において生きるよう自らを断罪した社会です。

――どのような意味において今日、私たちは「生政治的な」危機を生きているのですか？

近代政治は徹頭徹尾生政治であって、そこに最終的に賭かっているのは生物学的なものとしての生命です。今回、新たになっている事実は、健康が、いかなる対価を払っても果たすべき法的義務になるということです。

――疾病の重大さがではなく、疾病によって生み出された、あらゆる倫理、あらゆる政治の崩壊のほうが問題なのはなぜですか？

恐怖は、人が見ないふりをしていた多くのものを出現させてくれます。第一のことは、私たちの社会はもはや剥き出しの生以外の何も信じていないということです。自分が感染するリスクを前にして、イタリア人がほとんどすべてのものを犠牲にする用意があるところを示したというのは、私には明らかなことです。ほとんどすべてのものとは、通常の生活のありかたや社会的諸関係や労働、さらには友人関係や情感や宗教的・政治的な信念のことです。

剥き出しの生は人間たちを結びつけるものではありません。むしろ、人間たちの目を見えなくさせ、彼らを互いに分離するものです。マンゾーニが描写しているペストにおいてそうであるように、もはや他の人間はすべてペスト塗りに他ならず、少なくとも一メートルの距離を置き、近づきすぎたら罰しなければならない。死者もまた——これは本当に野蛮なことですが——葬儀を執りおこなわれる権利がないし、死骸がどうなるのかはっきりしない。私たちの隣人なるものはもはや存在しない。キリスト教と資本主義、キリストの宗教と金銭教という、西洋を牛耳っているように思われる二つの宗教が沈黙しているのには本当に狼狽してしまいます。このようなしかたで生きていくことに慣れていく国にあって、人間関係とはどのようなものなのでしょうか？　延命だけを信じている社会とはどのようなものなのでしょうか？

一つの社会全体が、そもそも不確かであるリスクを前にして、その社会の倫理的・政治的価値のすべてをまるごと清算してしまうのを見るというのは、がっかりさせられるスペクタクルです。こうしたことがすべて終わったとき、社会が通常の状態に戻ることができるとは私は思いません。

――エピデミックの後の世界はどのようなものになるとお思いですか？

心配なのは現在のことだけではありません。この後にどうなるかが心配です。これまでの戦争は一連の不吉なテクノロジーを遺産として私たちに遺してきましたが、それと同じように、しかじかの実験が続けられるというのは本当にありそうなことです。それは諸政府がまだ実現に成功したことのなかった実験です。すなわち、大学は学生に対して閉鎖され、授業はオンラインでおこなわれるでしょう。政治的もしくは文化的な問題について一緒に話をするために集会をすることが中止されるでしょう。いたるところでデジタル諸装置が人々のあいだのあらゆる接触――あらゆる感染――の代わりとなるでしょう。

――二〇二〇年三月二十八日
『ル・モンド』紙、ニコラ・トリュオンによるインタヴュー

7

社会的距離確保

死が私たちをどこで待っているかは定かではないのだし、私たちのほうが死を至るところで待とう。死についてあらかじめ熟考することは、自由についてあらかじめ熟考することである。死ぬことを学んだ者は、隷従を忘れたのである。いかに死ぬかを知ることはあらゆる隷属や拘束から私たちを解放する。

ミシェル・ド・モンテーニュ

歴史の教えてくれるところによれば、すべての社会現象には政治的含意がある、もしくはありうる。だから、西洋の政治的語彙に今日入りこんできた新たな概念を注意深く記録するのがよいだろう。その概念とは「社会的距離確保」のことである。この用語はおそらく、それまで使われていた「隔離」という生々しい用語に対する婉曲表現として生み出されたものだろうが、とはいえ、この新概念に基礎づけられる政治的配備はどのようなものたりうるのかと自問しなければならない。各方面から言われればはじめていることだが、今回の保健衛生上の緊急事態は、人類を待つ新たな政治的・社会的態勢が準備されている実験室と見なしうるという。もしそのことが真ならば、これは単に純粋に理論的な仮説にすぎないとは言えず、この問いはなおのこと急を要するものとなる。

いつものことだが、このような状況はまったく肯定的なものと見なせるのだ、新たなデジタル・テクノロジーによって幸福に距離を取って交流することは以前から可能になっているのだと示唆する愚か者たちがいる。だが、「社会的距離確保」に基礎づけられる共同体は人間的・政治的に言って生存可能なものではないと私は思う。いずれにせよ、どのような見地を取るにしても、私たちが省察すべきはこのテーマについてであるように私には思われる。

第一の考察は、「社会的距離確保」措置が生み出した現象のもつ、本当に特異な性質に関するものである。カネッティは傑作『群衆と権力』で群衆を、接触恐怖の逆転を通じて権力が自らの基礎とするものと定義づけている。しばしば人間たちは自分と無縁の者に触れられることを怖れる。人間たちが自分のまわりに設ける距離はすべて、この怖れから生まれている。その一方で、群衆なるものはそのような恐怖がその反対物へと転ずる唯一の状況である。

この接触恐怖から人間が救われることができるのは群衆においてのみ

である。［…］ひとたび群衆へと身を任せると、人間は接触を恐怖しなくなる。［…］自分にぶつかってくる者は皆、自分と同じような者である。その者が、自分を感ずるのと同じように感じられる。突然、すべてはまるで一つの身体において起こっているかのようになる。［…］この、接触恐怖の反転は、群衆なるものに属している。群衆に広まる［…］安堵感は、群衆の密度が最大のところで最も著《いちじる》しい。

私たちが直面している新たな群衆の現象学についてカネッティならば何を考えたか、それは私にはわからない。社会的距離確保措置とパニックとによって作り出されたものは、たしかに群衆である——だが、それはいわば顛倒した群衆であって、いかなる対価を払っても互いに距離を取ろうとする諸個人によって形成されている。つまり、それは濃密な群衆ではなく希薄化された群衆であるが、とはいえそれは依然として群衆ではある。その少し先でカネッティが断っているように、「[…]本当に自由な動きなど、群衆にはまったく可能ではない。[…]群衆は待っている。首領が示されるのを待っている[…]」という意味で、群衆が一様性と受動性によって定義づけられるならばである。

カネッティはその何ページか後で、禁止を通じて形成される群衆を描写している。「大勢の者は一緒になるともはや、それまで個々にやっていたことをやりたくなくなる。禁止は突然である。その人々は自分で自分にそれを課す。[…]いずれにせよ、それは最大の力で打撃を加えてくる。それは命令の絶対性をもっているが、ここで決定的なのはそれが否定的なものだということである」。

社会的距離確保に基礎づけられる共同体は行き過ぎた個人主義につながると純朴に信ずる人もいるだろうが、それは個人主義とは何の関係もないということを取り逃さないことが重要である。その反対であって、そのよ

うな共同体があるとすれば、それは今日私たちのまわりに見られるような
ものとなる。それは希薄化され、禁止に基礎づけられた群衆、だがまさに
それゆえにひときわ小さくまとまった、著しく受動的な群衆である。

——二〇二〇年四月六日

8　一つの問い

疫病はこの国における無法の端緒となった［…］。もはや、名誉のために辛抱しようという者など誰もいなかった。当の名誉を得るよりも前に死ぬかもしれなかったからである。

トゥキュディデス『ペロポンネソス戦争史』2,53

私には、いまや一ヶ月以上にわたって省察し続けている一つの問いがある。その問いを分かちあいたいと欲する人たちと、ここで分かちあいたいと思う。一つの疾病を前にして、国がまるごと、それと気づかぬまま倫理的・政治的に崩壊するなどということがどのようにして起こりえたのか？私がこの問いの言いまわしに使った単語はすべて、一つずつ注意深く検討されたものである。じつのところ、自分の拠って立つ倫理的・政治的な諸原則の放棄がどのようなものかを計り知る尺度は非常に単純である。ここを超えてまでその諸原則を放棄する気はないという、その限界とはどのようなものかと自問するというのがそれである。以下の諸点を考慮する労を厭《いと》わない読者は、人類を野蛮から分離している境界が――それと気づかぬうちに、もしくは気づかぬふりをしているうちに――越えられてしまったということを認めないわけにはいかないだろう。

一。第一点はもしかすると最も重大かもしれない。それは死んだ人たちの身体に関することである。愛しい人が、そして一般的に言って人間たちが、独りで死ぬのみならず、その死骸が――アンティゴネから今日に至るまで、歴史上かつて一度も起こったことのないことだが――葬儀もされずに燃やされる。そのようなことを私たちは、ただ明確化できないリスクなるものの名のみにおいて、受け容れることができてしまった。それはどのようにしてなのか？

二。次いで私たちは、ただ明確化できないリスクなるものの名のみにおいて、自分たちの移動の自由を制限することを、それほど問題ともせずに受け容れてしまった。この制限は、この国の歴史上かつて一度も、二度の世界大戦の最中にさえ起こらなかった規模でなされている（戦争中の外出禁止は時間が決まっていた）。私たちはその結果、ただ明確化できないリスクなるものの名のみにおいて、交友や愛に関わる諸関係を事実上宙吊りにすることを受け容れた。隣人はありうべき感染源になってしまったからである。

三。こうしたことが起こりえたのは——私たちはここでこの現象の根っこに触れている——、私たちが自分の生の経験の単一性を分割してしまったからである。身体的な生の経験と精神的な生の経験はつねに、互いに分離できないしかたで一つにまとまっていたが、私たちはそれを、一方の純粋に生物学的な実体と、他方の情感的・文化的な生とに分割してしまった。最近になってデイヴィド・ケイリーが思い出させてくれたことだが、イヴァン・イリッチはこの分割に対する近代医学の責任を示した。この分割は当然のものとされているが、抽象の最たるものである。この抽象が近代科学によって、身体を純然たる植物的生命状態に維持できる蘇生諸装置を通じて実現されたものだということが、私にはよくわかっている。

しかし、このようなありかたが、今日そうなろうとしているように、それに固有な空間的・時間的境界の先にまで拡がっていき、一種の社会的な振る舞いの原則になってしまうならば、私たちは出口のない矛盾に陥ることになる。

このありかたには時間制限が掛かっているのだ、それが過ぎればすべては以前のように戻るのだと誰かが急いで答えるだろうということが私にはわかっている。緊急事態を布告したのと同じ当局が、緊急事態が乗り越えられてもおまえたちは同じ指針を守り続けなければならないと、また、意味深い婉曲表現で「社会的距離確保」と呼ばれた当のものが社会の新たな組織原則となるだろうと私たちに思い出させ続けている。そうである以上、そのような物言いを悪意からではないにせよ繰り返すことができるというのは本当に特異なことである。いずれにせよ、善意からであれ悪意からであれ被ることを受け容れてしまったことはこの先、取り消すことができない。

私は私たち一人ひとりの責任を告発したのだから、人間の尊厳の見張り番を任務としたらしい者たちにある、さらに重大な責任について言及しないわけにはいかない。その者たちとは、何よりもまず教会である。教会は、いまや現代の真の宗教となった科学に侍女として仕え、自らの拠って立つ最も本質的な原則をラディカルなしかたで否認してしまった。教会は、フランチェスコという名の教皇を戴《いただ》いていながら、当のフランチェスコがレプラ病者たちを抱きしめていたということを忘れてしまった。教会は、慈悲のおこないの一つに病者を訪ねるということがあるのを忘れてしまった。教会は、信よりも生を犠牲にする用意がなければならないのだ、隣人を捨て去ることは信を捨て去ることを意味するのだという殉教者たちの教えを忘れてしまった。

自分の任務を果たさなくなっているもう一つのカテゴリーは、法律家というカテゴリーである。行政権は緊急政令を通じて事実上、民主主義を定義づける権力分立というあの原則を廃止して立法権の代わりとなるが、その緊急政令が無思慮に使われるということに、私たちは以前から慣れてしまっている。しかし今回は、あらゆる限界が乗り越えられてしまった。首相や市民保護局長の言葉はただちに法の価値をもつという印象がある。総統《フューラー》の言葉について同じことが言われたようにである。緊急政令が効力をもつ時間制限が切れても自由の制限は維持されると告知されているが、どのようにしてそのような自由の制限が維持されうるのかわからない。いかなる法的諸装置によってのことなのか？　永続的な例外状態によってなのか？　憲法の諸規定が遵守されているか確かめるのは法律家たちの任務だが、法律家たちは沈黙している。Quare silete juristæ in munere vestro ?〔法律家たちよ、なぜ自分の任務について沈黙しているのか？〕

この犠牲は重大なものではあるが、道徳原則の名においてなされたのだ、と必ずや誰かが答えるだろうということが私にはわかっている。そのような者たちには私は次のことを思い出させたいと思う。一見したところ善意から、アイヒマンは倦《う》まず繰り返していた。自分はカント的な道徳律だと自分の考えるものに従うべく、良心からあれをやったのだというのである。

善を救うために善を放棄しなければならないと断言する規範など、自由を保護するために自由を放棄することを課す規範と同程度に偽のもの、同程度に矛盾したものである。

――二〇二〇年四月十三日

9 剥き出しの生

——社会生活に適用された制限は、決定的な例外状態と見なせるものでしょうか？　この危機の急性の局面が過ぎても、その制限はそのままだと予期しなければならないのでしょうか？

二十世紀の歴史が、とくにナチがドイツで権力の座に着いたことに関してはっきりと示しているのは、例外状態は民主主義国家を全体主義国家へと変容させることを可能にするメカニズムだということです。もう何年にもなりますが、私の国では、私の国にかぎったことでもありませんが、緊急状態は通常の統治技術になっています。行政権は緊急政令を通じて、民主主義を定義づける権力分立という原則を事実上廃止して立法権の代わりとなった。しかし、これまで一度として、ファシズム期や二度の世界大戦の最中にさえも、自由の制限がここまで推し進められたことはなかった。人々が自宅に隔離され、いっさいの社会的関係を奪われ、生物学的な延命というありかたへ縮減された、というだけではありません。野蛮は死者たちさえ容赦しません。この期間に亡くなった人たちは葬儀を執りおこなわれる権利がないし、その身体は燃やされてしまう。このありかたには時間制限が掛かっているのだ、それが過ぎればすべては以前のように戻るのだと誰かが急いで答えるだろうということが私にはわかっています。緊急事態を布告したのと同じ当局が、緊急事態が乗り越えられてもおまえたちは同じ指針を守り続けなければならないと、また、意味深い婉曲表現で「社会的距離確保」と呼ばれた当のものが社会の新たな組織原則となるだろうと私たちに思い出させ続けています。そうである以上、そのような物言いを悪意からではないにせよ繰り返すことができるというのは本当に特異なことです。

――「剥き出しの生」という概念と、今日起こっていることにそれがどのように関わっているかを説明していただけますか？

剥き出しの生についてお訊ねですね。じつは、私が描写したことが起こりえたのは、私たちが自分の生の経験の単一性を分割してしまったからです。身体的な生の経験と精神的な生の経験はつねに、互いに分離できないしかたで一つにまとまっていましたが、私たちはそれを、一方の純粋に生物学的な実体（剥き出しの生）と、他方の情感的・文化的な生とに分割してしまった。イヴァン・イリッチはこの分割に対する近代医学の責任を示しました。この分割は当然のものとされていますが、抽象の最たるものです。この抽象が近代科学によって、身体を純然たる植物的生命状態に維持できる蘇生諸装置を通じて実現されたものだということが、私にはよくわかっています。しかし、このようなありかたが、今日そうなろうとしているように、それに固有な空間的・時間的境界の先にまで拡がっていき、一種の社会的な振る舞いの原則になってしまうならば、私たちは出口のない矛盾に陥ることになる。人間が純然たる植物的生命状態で維持された場はこれ以外にかつて一つしかなく、それがナチの収容所だということを指摘しておく必要があるでしょうか?

——あなたは、ウイルスによる死亡率が一ケタではなく、一〇%と二〇%のあいだとおぼしい人口カテゴリーに属しています。他の人たちに会うときは怖いですか? その恐怖は人々の振る舞いを、当局の課す規則を超えた先まで導くのでしょうか?

感染リスクの名において自由が制限されていますが、その感染リスクなるものは一度も明確化されたことがありません。というのも、伝えられる数字が意図的に曖昧なままにされているからです。ここで問題になっているのが本当に科学であるのならば、各年の死亡率や確定された死因と関係づけてその数字を分析することは必須のはずですが、それがない。ともあれ、あなたには次のモンテーニュの一節を引いてお答えしましょう。「死が私たちをどこで待っているかは定かではないのだし、私たちのほうが死を至るところで待とう。死についてあらかじめ熟考することは、自由についてあらかじめ熟考することである。死ぬことを学んだ者は、隷従を忘れたのである。いかに死ぬかを知ることはあらゆる隷属や拘束から私たちを解放する」。

——ウイルスに対する政治の反応——さまざまな例外状態——は一枚岩ではあり

ません。生に対する制限、人々の移動に対する制限には、世界のいろいろな場所で、いや一国内でもさまざまな制限モデルがあります。スウェーデンでは、大半の制限は自分の意志によるもので、強制ではありません。スウェーデンの首相は、人々は良識に導かれなければならないと言いました（彼が使った単語は正確には「folkvett」で、おおよそ「人民の常識」とでも訳せるものです）。人々は自己規制していますが、ここでは多くの人が——規則がもっときつい近隣諸国ではもっと多くの人が——激しく反発し、スウェーデンの首脳を無責任呼ばわりしました。まるで、人々を止めておく唯一の方法は政令を用いたもの、警察を動員するものだというかのようにです。これは一例にすぎませんが、白か黒か、「死か独裁か」を超えたところで、この脅威に立ち向かうまともな方法があるとお考えですか？

これからの数年に人間たちの統治が取ることになる形式については仮説を立てることしかできませんが、進行中の実験から演繹できることにはまったく安心できません。テロの時代に見られたように、イタリアは新たな統治テクノロジーが試される一種の政治的実験室です。ありとあらゆる政治的活動を端的に除去する生きかたを公共の健康の名において受け容れさせる統治テクノロジーを作りあげることにおいて、イタリアはいま前衛に位置していますが、そのことに私は驚きません。つねにイタリアはふたたびファシズムに陥ろうとするところであって、それは今日、ただのリスク以上の何かになっていると多くのしるしが示しています。どの情報は真で、どの情報は偽と見なさなければならないかを決定する権力をもつ委員会を政府が設立した、と言えば充分でしょう。私に関して言えば、イタリアの大新聞各紙は私の意見を掲載することを端的に拒否しています。

——二〇二〇年四月十九日
スウェーデンの公共ラジオ。イーヴァル・エークマンによるインタヴュー

10 新たな省察をいくつか

次のような仮説がさまざまなところで立てられている。実際には私たちが見ているのは諸権利や議会や権力分立に基礎づけられたブルジョワ民主主義国家という世界の終わりであって、その世界が座を譲りつつある新たな専制は、制御の浸透性という点で、またあらゆる政治的活動の廃絶という点で、これまでに知られているいかなる全体主義よりも悪いものとなろうという仮説である。アメリカの政治学者たちはこれをセキュリティ国家《ステイト》と呼んでいる。つまり、「セキュリティ上の理由から」(今回は「公共の健康」が理由だが、この用語はフランス革命の恐怖政治期に設置された悪名高い

「公安委員会」を思わせる）個人の自由に対してどのような制限も課すことができるという国家のことである。それに、イタリアでは以前から、私たちは行政権の側からの緊急政令による立法に慣れてきている。行政権はそのようにして立法権の代わりとなり、民主主義を基礎づけている権力分立という原則を事実上廃止している。ビデオカメラによって制御が行使され、いまでは携帯電話による制御が提案されているが、これはファシズムやナチズムといった全体主義体制下で行使されたいかなる形式の制御をもはるかに超え出ている。

死亡とエピデミックに関わる数字の伝えられかたを問題にしなければならない。少なくともイタリアに関して言えば、メディアはこの数ヶ月にわたって、いかなる科学的判断基準もない数字を流布した。その数字は各年の同時期の死亡率と関係づけられることもなく、死因が明確化されることさえなかった。いささかなりと認識論を知っている者であれば、この事実には驚かずにいられない。私はウイルス学者でも医師でもないが、間違いなく信頼できる公的な情報源をそのまま引用するにとどめる。なるほど、COVID-19による二万三千人の死者というのは相当な数字と思えるし、実際、相当な数字である。だが、これを各年の統計データと関係づけると、当然ながら事態はまた違った様相を呈してくる。数週間前に、ISTAT（イタリアの国立統計研究所）所長のジャン・カルロ・ブランジャルド博士は昨年の死亡者数を発表している。六四万七千人（つまり一日あたり一七七二人）である。死因に関しては、入手可能な最新の関連データは二〇一七年のものだが、これを細かく分析するとわかるのは、心循環系の疾患による死者が二三万人、腫瘍による死者が一八万人、呼吸器系の疾患による死者が少なくとも五万三千人、記録されているということである。だが、私たちに近くから関わってくる、とくに重要な点が一つある。博士の報告の文言を引用する。「呼吸器系の疾患による死者は、二〇一九年三月には一万五一八九人で、その前年には一万六二二〇人だった。これらは、これに対応する、二〇二〇年三月に公表されたCOVIDによる死亡者数（二万二三五二人）より多いということが図らずも明らかになる」。疑う道理はないが、このことが真であるならば、この国の歴史上かつて一度も、二度の世界大戦の最中にさえ講じられたことのない自由の制限措置を、エピデミックの重大性なるものが正当化しうるのかと自問しなければならない。その重大性を矮小化しようというのではないにしてもである。イタリアに関しては次のような正当な疑念が生ずる。すなわち、諸政府は、まず保健衛生部門を解体してしまっており、次いでロンバルディアではエピデミックへの対処でこれにおとらぬ重大な一連の誤りを犯したが、それに対する重大きわまる責任を、パニックを広め、人々を自宅に隔離することによって人口に押しつけようとしたのではないか、という疑念である。イタリア以外も、いずれの国家もエピデミックのデータを自分の目的に応じて使い、それに自分の要請にしたがって小細工を施すさまざまな方法をもっているものと思う。エピデミックのもつ現実的な一貫性は、伝えられるデータを、各年の疾病ごとの死亡率に関する統計データとそのつど関係づけることによってのみ計り知ることができるだろう。

取り逃さないことが重要な、もう一つ別の現象もある。それは、エピデミックの統治において医師とウイルス学者によって果たされた機能のことである。エピデミックを指すギリシア語 epidēmia（これは政治的実体としての人民を指す dēmos から作られている）には、直接的な政治的意味がある。医師や科学者に対して、最終的に倫理的・政治的決定となるものを委ねるのはさらに危険なことである。それが誤ったことか正しいことかはともかく、科学者たちは自分たちの道理を善意から追求するが、その道理は科学の利害と同じものであり、彼らはその名のもとに――歴史はそのことをたっぷり論証している――いかなる道徳的な気の咎めをも犠牲にする用意がある。私が指摘するにもおよばないが、ナチズムのもとでは、当時非常に評価されていた科学者たちが優生政策を導いたし、彼らはまた、科学の進歩とドイツ兵士の治療に有用と見なされる致死的実験を実施するために収容所を用立てることをためらわなかった。今回の事例では、スペクタクルはとりわけ人を狼狽させるものとなっている。というのも、メディアはこのことを隠しているが、実際には科学者のあいだには意見の一致がないからである。ディディエ・ラウールはフランス最高のウイルス学者かもしれないが、そのラウールをはじめとする最も著名な科学者の中には、エピデミックの重大性に関して、また隔離措置の実効性に関して異なる意見をもっている者もいる。ラウールはあるインタヴューで、隔離措置を中世の迷信だと定義づけた。私は別なところで、科学は現代の宗教になったと書いた。宗教との類比は文字どおりに取らなければならない。神学者たちは神とは何かをはっきり定義することはできないと宣明していたが、その神の名において、人間たちに対して操行の規則を押しつけ、異端者たちを火あぶりにするのをためらわなかった。ウイルス学者たちはウイルスとは何かを正確にわかっているわけではないと認めているが、そのウイルスの名において、人間たちがどのように生きるべきかを決定するつもりでいる。

時事の領域を離れ、地上におけるヒトの運命という観点から物事を考察しようとするならば、思い浮かぶのはルイ・ボルクというオランダの大科学者の考察である。ボルクによれば、ヒトという種の特徴は、環境への適応という自然な生命プロセスが徐々に阻害されていくところにあり、環境への適応は、環境を人間に適応させるためのテクノロジー諸装置が肥大的に増加することによって置き換えられていくという。しかじかの限界を超えてしまうと、そのプロセスは逆効果になる点に達し、種の自滅へと変容する。私たちがいま生きているような諸現象によって示されていると思われるのは、その点がもう到達されたということ、私たちの病気を治療すべきだった医学がいま、病気よりもさらに大きな悪を生み出す怖れがあるということである。

（この論考は『ラ・ヴェリタ』紙に掲載されたインタヴュー（二〇二〇年四月二十一日）の内容をさらに発展させたものである）。

——二〇二〇年四月二十七日

『ノイエ・ツュルヒャー・ツァイトゥング』紙

11　真と偽について

憲法上保証されている自由は法によってのみ制限されうるはずだが、その自由が多かれ少なかれ制限される。当然のことだったが、フェーズ2はこの、これまでと同じ制限を省令で確認するものである。だが、これにおとらず重要なのは、いかなる憲法においても裁可されていない一つの人権が制限されているということである。その人権とは真理権、真の言葉への欲求である。

じつのところ、私たちがいま経験しているのは、前代未聞のしかたで施される各人の自由への小細工であるよりも前に、真理が偽造されるという巨大な操作なのである。じつのところ、人間たちが個人の自由を制限することに同意するということが起こるのは、メディアによって提供されるデータや意見をいかなる検証にも委ねることなく受け容れているからである。私たちは広告によって、真であると称さないだけになおのこと効果的に働きかける言説に以前から慣れてしまっている。以前から、選挙演説で真理が問題にならないということがある意味で当然視されることによって、政治的同意も深い信念なしに譲り出されてしまっていた。だが、いま私たちの眼前で起こっているのは何か新しいことである。受動的に受け容れられている言説が真であれ偽であれ、それが私たち自身の生きかた、私たちの日常の全実存に関わってくるからという理由だけでも、それは新しい。したがって、自分に提示されるものを、各人が少なくとも基本的な検証に委ねようとするのは急を要することである。

エピデミックに関するデータが漠然と、科学的判断基準もなく提供されていると指摘したのは私だけではない。認識論的な観点から言えば、たとえばだが、各年の同時期の死亡率と関係づけることも具体的な死因を明確に示すこともせずに死亡者数を出すことにいかなる意味もないのは明らかである。にもかかわらず、まさにこれこそが毎日、誰にも気づかれることなく続けられていることである。検証を可能にするデータは、入手したい者は誰でも手に入れられるものであるだけに、このことにはなおのこと驚かされる。このコラムで私はすでに、ISTAT所長ジャン・カルロ・ブランジャルドによる報告を引用している。その報告で示されているのは、COVID-19による死者数が過去二年の呼吸器系の疾患による死者数よりも少なくなっているということである。だが、曖昧なところがないにもかかわらず、この報告はまるで存在していないかのようである。それと同様に、梗塞など任意の原因で亡くなった者でも、陽性反応が出た患者であればCOVID-19で亡くなったものとして勘定されているというのは明白な事実だが、この事実はまったく考慮されていない。虚偽であることを確かめる資料は揃っているのに、それでも信を寄せ続けるのはなぜなのか？　嘘が真として受け取られるのはまさに、広告同様、自らの虚偽を隠すことに専心しないからだというわけである。ウイルスに対する戦争が自らに与えることのできる動機づけは偽りの動機づけだけである。第一次世界大戦について起こったのと同様にである。

人類は、真理が偽の運動における一契機へと縮減されるという人類史の局面へと入りこもうとしている。非真理が論証されてもなお真と見なされなければならない偽の言説、これこそが真となる。だがこのようにして、真理の表明の場としての言語運用自体は人間たちから押収されてしまう。人間たちにできるのはいまや、嘘の運動——現実であるがゆえに真である運動——を黙って観察していることだけである。だから、この運動を止めるには、真の言葉という最も貴重な善を妥協なしに探し求める勇気を各人がもたなければならない。

――二〇二〇年四月二十八日

12 宗教としての医学

科学が現代の宗教になった、すなわち人間たちが信じていると信じている当のものになったということは、以前から明白になっている。近代西洋には三大信仰システムが同居してきたし、ある程度まではいまも依然として同居している。その三大信仰システムとはキリスト教、資本主義、科学のことである。近代史において、この三つの「宗教」は必然的に幾度も交差しあい、折りに触れ衝突し、次いでさまざまなしかたで和解を遂げて、平和な、分節化された一種の共生へと徐々に到達した。共通の利害の名のもとに正真正銘の共働がなされたとまでは言わないにしてもである。

新しいのは、私たちの気づかぬうちに、科学と残る二つの宗教とのあいだにふたたび争いが起こったということである。その争いは密かな、また執拗なものだったが、いま私たちは科学が勝利を収めたのを目の当たりにしている。その科学の勝利が、私たちの実存の全局面を前代未聞のしかたで規定している。過去にあった争いは理論や一般的原則に関わるものだったが、今回の争いはいわば礼拝の実践に関わるものである。じつのところ、あらゆる宗教と同様、科学にも、自らの構造を組織し秩序づけるのに用いる、さまざまに異なる形式や水準がある。精妙にして厳密なドグマ論を作りあげることに実践において対応するのは、極端に広大な、隅々まで拡がった礼拝の圏域である。これは、私たちがテクノロジーと呼んでいるものと一致する圏域である。

この新たな宗教戦争の主人公が、ドグマ論がそれほど厳密でなく、より実践的側面が強い、科学のあの部分であるというのは驚くことではない。

その部分とは、人間の生きた身体を直接的対象とする医学のことである。私たちはこの先ますます、この勝ち誇った信と決着をつけなければならなくなっていく。この信のもつ本質的特徴を見定めてみよう。

一。第一の特徴は、医学が資本主義と同じく特別なドグマ論を必要とせず、根本諸概念を生物学から借りてくるにとどめているということである。とはいえ、医学は生物学とは違い、その諸概念をグノーシス－マニ教的な意味で分節化している。その分節化はつまり、激化した二元論的対立にしたがってなされている。そこでは一方に、バクテリアとウイルスを特有の動因とする、まさに疾病という悪い神、悪い原則がある。他方には善い神ないし原則があるが、それは健康ではなく治癒であって、医師と治療がその礼拝的動因となっている。あらゆるグノーシス的な信においてそうであるように、この二原則は互いに明瞭に分離されているが、実践においては互いに汚染しあうことがありうる。善い原則は、そしてまた善い原則を表象する医師は、間違えることもある。敵と無意識裡に共働してしまうこともある。だがそのことによって、二元論の現実性や、善い原則が戦いを進めるにあたって用いる礼拝の必要性が無効になるわけではない。戦略を定めなければならない神学者たちが、それ固有の場をもたず生物学と医学のあいだの辺縁に位置づけられるウイルス学という一科学の代表者たちだというのは意味深い。

二。この礼拝の実践はこれまで、あらゆる典礼同様に挿話的なもの、時間的に局限されたものだった。だが、私たちはいま、予期せぬ現象に立ち会っている。この礼拝の実践が永続的なもの、まったく浸透的なものとなったのである。それはもはや、薬を飲んだり、必要なときに診察や外科手術を受けたりするということではない。人間の生がまるごと、あらゆる瞬間において、不断の礼拝執行の場とならなければならない。ウイルスという敵はつねにそこにあり、その敵に対しては絶えず、いかなる休戦もなく闘うのでなければならない。キリスト教もこれと似た全体主義的傾向をもっていたが、その全体主義的傾向が関わるのは、「絶えず祈れ」という標語のもとに自分の全実存を置くことを選んだ何人かの個人——とくに修道士たち——だけだった。宗教としての医学は、このパウロの戒律を拾いあげるとともに顚倒している。修道士たちはともに祈るために修道院に集まったのに対して、いまや礼拝はそれと同じほど勤勉に、ただし互いに分離され、互いに距離を取ってなされなければならない。

三。礼拝の実践はもはや、自由なもの、自分の意志によるもの、霊的次元の裁可にのみ曝されているものではない。それは規範的に義務的なものとされていなければならない。なるほど、宗教と世俗権力の結託はこれまで見られなかったわけではない。だが、まったく新しいところがある。この結託はこれまで、異端にとってそうであったとおり、ドグマの誓願に関わるものだった。それがいまや、もっぱら礼拝執行に関わるものとなっている。いまや医学教の典礼は生の全体とまるごと一致しており、世俗権力はその典礼が実際に逐一遵守されているかどうか見張り番をしなければならない。ここで問題になっているのが礼拝の実践であって理性的な科学的要請ではないということはただちに明らかである。この国で、他をはるかに引き離した頻繁な死因は心循環系の疾患であって、より健康な生活形式を実践し、特別の食事を摂れば、これが減少するということは知られている。医師たちは患者にこのような生活形式や食事形式を勧めてはいたが、そのような形式が法的規制の対象となってしまい、何を食べるべきか、どのように生きるべきかがその規制によって法として布告され、全実存がまるごと保健衛生上の義務へと変容させられてしまうなどと考えた医師は一人もいなかった。まさにこれこそが起こったことであって、少なくともいまのところ人々は、まるで当然のように、移動の自由、労働、友人関係、愛、社会的諸関係、宗教的・政治的な信念を放棄することを受け容れている。

どのようにしてキリストの宗教と金銭教という残る二つの宗教が、一見したところ闘わずして医学と科学に首位を譲ったかを、ここで計り知ることができる。教会は、いまの教皇が名を借りた当の聖人がレプラ病者たちを抱きしめていたということを忘れ、慈悲のおこないの一つに病者を訪ねるということがあるのを忘れ、秘蹟はじかに立ち会ってしか施せないということを忘れて、自らの拠って立つ諸原則を端的に否認してしまった。資本主義のほうはというと、少しばかりの抗議は見せたものの、これまで一度も考慮に入れようとしたことのない生産性の喪失を受け容れた。おそらくは、後で新宗教と協定を結びたいと希望してのことだろう。新宗教のほうもこの点では手打ちの心づもりがあるように思われる。

四。医学教は、キリスト教の放置していた終末論的審級を、キリスト教から徹底的に拾いあげた。すでに資本主義は救済という神学上のパラダイムを世俗化し、この世の時間には終わりがあるという考えを除去し、この世の終わりの代わりに、贖いも終わりもない永続的危機状態を置いていた。krisis〔危機〕というのはもともとは医学的概念であり、ヒッポクラテス全集においては、患者が疾病を超えて延命するかを医師が決定する契機〔発作〕を指していた。この用語が、この世の最終日に起こる最後の審判を指し示すために神学者たちによって使われた。私たちのいま生きている例外状態を観察すれば、医学教が資本主義の永続的危機とキリスト教の最後の時という考えとを結びつけていると言えるだろう。その終わり《エスカトン》においては最後の決定がつねに進行中であり、終わりは急《せ》かされるとともに引き伸ばされる。これは終わりを統治できるようにしようという絶えざる企てによるものだが、とはいえ、これを限りと終わりを解決してしまうことはけっしてない。それは、終わりにあると自らを感じ取っている世界の宗教だが、その宗教はヒッポクラテス医学に携わる医師のようには、当の世界が延命するか死ぬかを決定することができない。

五。資本主義同様に、またキリスト教とは違い、医学教は救済や贖いという見地を提供しない。その反対に、医学教の目指す治癒は暫定的なものでしかありえない。ウイルスという悪い神は、これを限りと除去してしまうことはできず、それどころか絶えず変異し、つねに新たな、より危険とおぼしい形になるからである。語源が示唆しているように、エピデミックは何よりもまず政治的概念であって、この概念は、世界的な政治――もしくは非政治――の新たな現場になろうと自ら準備しているところである。それどころか、私たちの生きているこのエピデミックが、最も注意深い政治学者たちによれば伝統的な世界戦争の座を奪ったとされるあの世界的内戦を実現するものだということもありうる。いまや、すべての国民、すべての人民は、自分を相手取った持続的戦争へと入りこんでいる。というのも、私たちの闘う相手である不可視の、捉えようのない敵は私たちの中にいるからである。

　歴史上幾度も起こったように、哲学者たちは宗教との争いに新たに入りこまなければならなくなるだろう。だが、その宗教はもはやキリスト教ではなく、科学、もしくは宗教という形式を引き受けた科学の一部である。火刑の薪にまた火が点けられ、何冊もの本が禁書目録に載ることになることになるのか、それは私にはわからない。だが、すでに私たちの眼前で起こっているように、真理を求め続ける者たち、支配的な嘘を拒否する者たちの思考が、排除され、偽情報を（考えをではなく情報をである。というのも情報は現実よりも重要だからである！）広めていると告発されることになるのは確かである。それが真の緊急事態であるにせよ紛《まが》いものの緊急事態であるにせよ、あらゆる緊急事態のときにそうであるように、無知な者たちが哲学者たちを中傷するところ、ごろつきどもが自分たちの引き起こした災難から利潤を引き出そうとするところが見られるだろう。こうしたことすべてはすでに起こったことであり、この先も起こり続けるだろうが、真理のために証言する者たちは絶えず証言するだろう。証人のために証言できる者は誰もいないからである。

——二〇二〇年五月二日

13

バイオセキュリティと政治

この国で（この国だけではないが）作動させられた例外化諸装置に対する人々の反応で驚かされるのは、彼らにはこの諸装置を、それらが作動しているると思われる直接的文脈を超えた先で観察する能力がないということである。真面目な政治的分析であれば、その反対にこれらを、人間と事物に対する新たな統治パラダイムが賭けられている、より広大な実験の徴候・しるしとして解釈するよう課してくるところだが、そのように解釈しようとする者は稀である。パトリック・ジルベルマンが七年前に発表した本はいま注意深く読みなおすに値するが（『微生物の嵐』ガリマール社、二〇一三年)、そこで彼はすでに、それまで政治的計算の周縁にとどまっていた保健衛生セキュリティが国家的・国際的政治戦略の本質的部分となっていくプロセスを描写していた。ここで問題になっているのは、最悪のシナリオ《ワースト・ケイス・シナリオ》と定義づけられるものによって統治するにあたって用いる道具としての、一種の「保健衛生的恐怖」の創造に他ならない。この最悪なものの論理にしたがって、世界保健機関はすでに二〇〇五年に「これから鳥インフルエンザによって二百万から一億五千万の死者」が生ずると告知し、各国が当時、依然として迎え入れる準備のなかった政治的戦略を示唆していた。ジルベルマンの示しているところでは、そこで示唆されていた装置は三点に分節化される。一。ありうべきリスクにもとづいて架空のシナリオを構築すること。そこでは、データは極端な状況における統治を可能にする振る舞いを利するように提示される。二。最悪なものの論理を政治的合理性の体制として採用すること。三。市民全体を、統治諸制度への賛同が最大限に強化されるように組織すること。そのために、一種の最上級の公徳心を生み出すこと。そこでは、市民に課す義務は利他主義の証しとして提示される。市民はもはや健康権（健康の安全《ヘルス・セイフティ》）をもたず、健康（バイオセキュリティ）が法的義務になる。

ジルベルマンが二〇一三年に描写していたことは今日、逐一そのとおり確かめられている。いま、緊急状態はしかじかのウイルスに結びつけられているが、このウイルスは将来、他のウイルスに座を譲りうるものである。そのような緊急状態を超えたその先で、ある統治パラダイムのデザインが問題になっているのは明らかである。その統治パラダイムの実効性は、西洋政治史においてこれまで見られたいかなる統治形式の実効性をもはるかに凌駕するものである。イデオロギーや政治的な信が徐々に衰微する中で、すでにセキュリティ上の理由なるものは市民に対して、以前は受け容れる用意のなかった自由の制限を受け容れさせることを可能にしていたが、バイオセキュリティは、あらゆる政治的活動、あらゆる社会関係の絶対的廃絶を市民参加の最高形式として提示できるということを自ら証明した。私たちはこのようにして、諸権利を要求すること、憲法の侵害を告発することに伝統的に慣れている左派諸組織が、合法性のまったくない省令によって決定された自由の制限を徹底的に受け容れるという逆説に立ち会うことができた。そんなものを人々に課せるとはファシズムでさえ一度も想像しなかった自由の制限をである。

次のことは明らかである――当の統治当局が、絶えずそれを私たちに思い出させている。すなわち、「社会的距離確保」と言われているものは、私たちを待つ今後の政治のモデルとなるだろう。そして（タスク・フォースと言われているものの代表者たちは次のように告げたが、そのメンバーたちは自らの果たすべき職務と明らかに利益相反している）、この距離確保が用立てられ、至るところでデジタル・テクノロジーの諸装置が物理的な人間関係の代わりに置かれ、物理的な人間関係のほうは感染（つまり政治的感染ということである）の疑いを掛けられるものとなるだろう。教育大学研究省がすでに推奨しているとおり、大学の授業は来年度からも継続的にオンラインでおこなわれるだろう。もはや、人が顔で認識しあうことはないだろう。顔はこの先もマスクで覆われるかもしれない。人はデジタル諸装置によって認識されることになるだろう。強制的に取られた生物学的データがデジタル諸装置によって認識されるだろう。動機が政治的なものであれ、単に交友によるものであれ、あらゆる「集結」は禁止され続けるだろう。

ここでは、人間社会が辿るこの先の運命をある見地からどのように構想するかがまるごと問題になっている。多くの点から見て、その見地は、いまや没しようとしている諸宗教から世界の終わりという黙示的な考えを引き継いでいるように思われる。政治は経済によって置き換えられてしまったが、その後で当の経済もまた、いまやバイオセキュリティという新たなパラダイムによって補完されなければならなくなる。他のあらゆる要請はこの新たなパラダイムの犠牲にならざるをえなくなる。そのような社会が依然として人間的な社会と定義づけられるものなのか、諸感覚による関係や顔や友人関係や愛を失うことが、抽象的な、それもおそらくはまったく架空の保健衛生的セキュリティなどによって本当に埋めあわせられるものなのかと自問するのは正当なことである。

――二〇二〇年五月十一日

14 ポレモス・エピデーミオス

1

――エピデミックは人間の歴史につねに随伴し、その表出において社会と人々に混乱の原因をもたらしてきました。最近のコロナウイルスによるエピデミックは、他のエピデミックと比べて高い致死性をもつということによってではなく、このエピデミックに立ち向かうために作動した先例のないグローバルな動員によって、歴史に残るものとなるように思われます。その結果として何が起こるかについては多くが書かれてきました。このパンデミックが社会的現実の　つの断裂を構成することになり、私たちがコロナウイルス時代の以前・以後を云々することになるとお考えですか？

あらかじめ申しておかなければなりませんが、私は私の知っている国、つまりイタリアについてとくにお話しすることにします。しかし、忘れてはいけませんが、イタリアは前世紀の六〇年代末から、テロを前にして新たな統治技術の数々が作りあげられてきた実験室だった。イタリアが今日もまた、保健衛生上の緊急事態に対してこれと同じ機能を展開しているというのもありうることです。

エピデミックという用語は、政治体としての人民を表すギリシア語のdēmosに由来しています。この語源が示しているように、エピデミックは何よりもまず政治的概念です。ポレモス・エピデーミオス（polemos epidēmios）〔文字どおりには人民《デーモス》に拡がる戦争《ポレモス》〕というのは、ホメロスでは内戦を指します。今日、私たちにははっきり見えているのは、エピデミックが政治の新たな現場、世界的内戦の戦場になろうとしているということです――というのも内戦が、内部の敵、私たちの中に住んでいる敵を相手取った戦争だというのは明らかなことだからです。

私たちはいま、西洋政治史における一つの時代の終わりを生きています。その時代とは、憲法、諸権利、議会、権力分立にもとづいたブルジョワ民主主義の時代のことです。このモデルはしばらく前から危機に瀕しており、憲法上の諸原則はますます無視されるようになっており、行政権はほとんど全面的に立法権の代わりに置かれてしまった。いまやもっぱらそのように起こっているように、すでに行政権は緊急政令を通じて立法権を行使していました。パンデミックと言われているものとともに、さらなる一歩が踏み出されました。アメリカの政治学者たちはテロに基礎づけられた国家《ステイト》をセキュリティ国家と呼んでいましたが、これがいまや、健康に基礎づけられた、「バイオセキュリティ」と呼べる統治パラダイムに座を譲った。

バイオセキュリティが、これまでに知られている人間たちの統治形式のすべてを実効性・浸透性において凌駕しているということを理解するのは重要です。イタリアでは、イタリアだけではありませんが、健康への脅威が問題になるや否や、人々は反発もせずに自由の制限を受け容れています。これは以前であれば一度として受け容れられなかったことです。このようにして人々は、あらゆる社会関係、あらゆる政治的活動の廃絶が市民参加の模範的形式として提示される、という逆説に辿り着いた。

バイオセキュリティ体制において民主主義的な政治パラダイムがいかに深刻な変容を被ったかは、ただ一つの例を挙げるだけで明らかに示されると思います。ブルジョワ民主主義においては、すべての市民は「健康権」をもっていました。この権利がいまや、人々の気づかぬうちに、いかなる対価を払っても果たすべき、健康への法的義務へと顚倒してしまっています。その対価がどれほど高いものかは、市民が従わされた、先例のない例外的措置を通じて見られたとおりです。

2

――制度的水準では、諸国家はこれに先立つ危機の数々によって準備ができており、地球規模で実験済みの政策を適用しました。今回のパンデミックという事例では「戦争」という用語が広く用いられましたが、その一方であなたは、敵は私たちの外ではなく中にいるからとして「内戦」を云々していました。検疫隔離の諸特徴のうち、どのような特徴が後に残ることを運命づけられているとお考えですか？　エピデミックが、新たな全体主義的政治ドグマの現場たりうるとお考えでしょうか？

バイオセキュリティというパラダイムは一時的なものではありません。経済活動は再開されるでしょうし、すでに再開されつつあります。移動制限措置も、少なくとも大部分は終わるでしょう。残るのは「社会的距離確保」でしょう。この特異な言いまわしについて省察すべきです。この言いまわしは、まるであらかじめ準備されていたかのように、全世界で同時に出現しました。医学的装置であったならば、それは「物理的距離確保」や「個人的距離確保」と呼ばれるほうが正常だったでしょうが、そうではなく「社会的距離確保」と言っている。これが新たな社会組織パラダイムだということ、つまり本質的に政治的な装置だということをこれ以上はっきりと表現することはできないでしょう。しかし、距離に基礎づけられる社会とは何なのか？　一メートルの距離を保ち、マスクで顔を覆わなければならない人々のあいだに、どのようなタイプの関係が作られうるのでしょうか？　もちろん、距離確保は難なく実現されえた。というのも、それはすでに何らかのしかたで存在していたからです。デジタル諸装置は、距離を置いたヴァーチュアルな関係に人々をしばらく前から慣れさせていました。ここでは、エピデミックとテクノロジーは分かちがたく絡みあっています。驚きではありませんが、エピデミックの諸帰結に立ち向かうべくイタリア政府がタスク・フォースと言われているもののリーダーに指名したのは、大デジタル通信網の経営者でした。その彼は、5Gを作動させれば人間間の感染――つまり接触――の可能性をすべて避けることに貢献するだろうとすぐに告知しました。もはや、人間は顔で認識しあうことはないでしょう。顔はこの先もマスクで覆われるかもしれません。人はデジタル諸装置によって認識されることになるでしょう。あらかじめ取られた生物学的データがデジタル諸装置によって認識されるでしょう。理由が政治的なものであれ、単に交友によるものであれ、あらゆる「集結」は――人間の出会いを表すには奇妙な表現ですが――禁止され続けるでしょう。

3

――『ホモ・サケル　主権的権力と剥き出しの生』であなたは、すべての近代国家には、生への権力が死への権力に変容し、生政治が死政治に変容する点を画定する線があると断言しています。主権者はこれをもとに、弁護士、医師、科学者、司祭と緊密に共働する。今日、医学が権力に対して授けることのできる主権の可能性ないし幻想は、政治的な面にも倫理的な面にも影響をおよぼすものです。生が統計に従属してしまうと、生きるに値しない生があるという論理にそこから通ずるのは不可避であって、政治体が生物学的身体へと変容してしまいます。じつのところ、あなたは最近お書きになったものの中で次のように強調しています。いわく、現代の西洋世界では三つの「宗教」(キリスト教、資本主義、科学)が共存し、互いに出会っているが、その一方で今日、科学と残る二つの宗教のあいだでふたたび争いが起こり、その争いは科学の勝利で終わった。今回の危機における科学者の立場、とくに医学の立場をどのように評価していますか？ その立場は権力の運営とどのように関係していますか？

必要なのは、バイオセキュリティというパラダイムの分節化において科学と医学が果たした決定的な機能を過小評価しないことです。挙げてくださった論考で私が示唆していたように、科学と医学がこの機能を果たすことができたのは、厳密な科学としてではなく一種の宗教として働いたからです。剥き出しの生がその神にあたります。イヴァン・イリッチはもしかすると近代の最も明敏な批評家かもしれませんが、その彼が示しているのは、身体の医学化がますます進み、そのことによって、誰もがもっている自分の身体、自分の生に関する経験がどのように深く変容したかということです。この変容を考慮しなければ、人間たちがいったいどのようにして自分たちの従うことになった例外的制約を受け容れたのかは理解できません。起こったのは、個人が自分の生の経験の単一性を分割したということです。身体的な生の経験と精神的な生の経験はつねに、互いに分離できないしかたで一つにまとまっていましたが、それが、一方の純粋に生物学的な実体と、他方の社会的・文化的・政治的な実存とに分割されてしまった。

この分割は当然のことながら抽象ですが、強力な抽象です。ウイルスがはっきり示したのは、人間たちがこの抽象を信じており、自分たちの生の通常のありかた、社会的諸関係、政治的・宗教的な信念、さらには友人関係や愛までをもこの抽象に捧げてしまったということです。

生の分割は抽象だと申しましたが、ご存じのとおり近代医学は二十世紀半ばごろに、蘇生諸装置を通じてこの抽象を実現しました。この諸装置によって、人体を純然たる植物的生命状態で長きにわたって維持できるようになった。人工的な呼吸と血循環をおこなう機械と、恒温性を維持するテクノロジーとによって、人体は生と死のあいだに際限なく宙吊りにされます。そのような機械・テクノロジーを備えた蘇生室という不明瞭地帯は、厳密に医学的な辺縁から外に出てはならないのです。それに対して、パンデミックとともに起こったのは、生と死のあいだに人工的に宙吊りになったこの身体が新たな政治的パラダイムになったということです。このパラダイムにしたがって、市民は自分の振る舞いを規制しなければならない。社会的な生から抽象的に分離された剥き出しの生をいかなる対価を払っても維持するということは、宗教としての医学によって創設された新たな礼拝において最も印象的な与件です。

4

——あなたは例外状態を、また権力が構造化されるありかたを構想しましたが、その構想に対してなされた一つの批判は、それは悲観論だというものでした。じつのところ、あなたの理論によれば、近代の資本主義的民主主義において私たちは皆ホモ・サケルである。また、緊急状態という文脈が創り出す諸条件によって、主権は社会が楯突くことのできない乗り越え不可能な条件となってしまう。この点について解説をいただければと思います。それから、現況における抵抗の余地はどのようなもので、生まれることのできる新たな抵抗の余地はどのようなものだとお考えですか？

悲観論と楽観論は政治的分析とは何の関係もない心理学上のカテゴリーで、それらを用いる者たちはただ、思考することができないという自らの無能力を示しているだけです。シモーヌ・ヴェイユは三〇年代の一連の論考で、近代における政治的カテゴリーの変化について省察していますが、ヨーロッパにおけるファシズムの擡頭を前にしても空虚な期待や意味を失った言葉を使って自分を温めている者たちを警戒していました。私たちは今日、自分たちがこの先も使い続けるしかじかの単語——民主主義、立法権、選挙、憲法といったような——が、実際にはしばらく前から元々の意味を失ってしまっているのではないかと真面目に自問しなければならないと思います。

私たちは、それらの単語の代わりに置かれていく新たな専制の形式を明晰に見据えることができてはじめて、ばあいによっては、対置できる新たな抵抗の形式を定義づけることができるようになるでしょう。

5

——この数年、難民問題が、人類の立ち向かうべき主要問題の一つとして出現してきました。いまのような条件でなされる人口の移動は、歴史的には、少なくとも数の上では、二度の世界大戦の後に起こったことに比することができます。その地政学的位置ゆえにギリシアもイタリアも、多数の人口によって東から西へとなされる暴力的出国の問いを強烈なしかたで生きているところです。あなたは「人権の彼方で」と題された論考で、「人権宣言」は、神的起源をもつ主権から国民主権へ、つまり出生(〔国民を指す〕ラテン語natioは出生を意味する)にもとづいた主権への移行が起こる場を構成していると示しています。このようにして、生は国家主権の圏域に統合される。臣民が市民へと変容するということは、自然的な(出生の)剥き出しの生が、主権によって組み入れられ創設される身体へと変容するということを意味します。アンシアン・レジームにおいては二分されていた出生原則と主権原則が、いまや撤回できないしかたで一つになり、新たな国民国家の基礎を構成する。したがって、私たちは出生と国民の同一化を前にしているけれども、その一方で、法権利へのアクセスは、人間が国家主権の圏域において市民として登録されてはじめて割り当てられうる。難民は出生と国籍のあいだの破断点を構成し、人間と市民の同一化を破断する。つまり難民は、国家－国民－領土の三幅対という支配的な物語の中に危機を創り出します。今日、難民問題に対処するにあたってヨーロッパの採っている戦略は、ギリシア、トルコ、リビアといった国を魂の善行貯金箱として使いながら、戦争さながらの鬨《とき》の声をあげることによって展開されています。「人権の彼方で」では、ヨーロッパ世界において、難民の人々がより容易に統合されうるような市民権概念を再定義することが緊急に必要だということが強調されています。この点について解説をいただければと存じます。

挙げてくださった論考で、私はハナ・アーレントの「私たち難民」と題された論考の後を追い、創設的な政治的パラダイムである市民という形象に対して難民という形象を対置しようとしました。一七八九年の「人権宣言」や二十世紀におけるその再生〔「世界人権宣言」〕の意味を、そこに見られる人間と市民のあいだの曖昧な区別 - 同一化とともに問いただすということです。難民というのは実際にはその人民の前衛なのだとアーレントは書きましたが、それと同じように私は、政治の新たな地平の基礎として市民の代わりに難民を置くことを提案しました。その政治の新たな地平のもつ緊急性はいまや避けられないものとなっていました。市民権という観念はアテナイから近代に至るまでポリスの政治的な生の中心にありましたが、この観念は現実の政治的内容のすべてをこの数十年のあいだに徐々に失っていきました。生政治的次元の影響下で、またセキュリティというパラダイムの創設にともなって、市民権のありかたはますます受動的になり、市民権はいや増しになされる、まったく浸透的な制御の対象となっていました。

私たちの眼前で創設されようとしているバイオセキュリティというパラダイムによって、いまや市民権という観念は完全に変化してしまい、市民はあらゆるタイプの管理、制御、嫌疑を掛けられる受動的対象となりました。市民が剥き出しの生物学的実存へと縮減されているということを、パンデミックはまったく疑念の余地なく示しました。このようにして、市民は難民という形象に、ほとんど見まごうほどに近づく。難民はいまや、市民の身体自体の内部にあるものとなりました。このように描かれる新たな内戦においては、敵は、ウイルスのように、自らの身体の内部にあります。よくあることですが、闘いの相手と自分が互いにあまりに似てしまうと、内戦はさらに残忍なもの、休戦などありえないものとなります。

6

——エピデミックによって創り出された極端な状況は、パニックの雰囲気を生む原因となりました。返答は国際機関の数々のほうからはあまり来ず、たいていは諸国家のほうから来ました。国際機関は、すべきことに関しては非常に漠然としていました。諸個人に対する、社会におけるグローバリゼーションの拡大によって——のみならず、主権者が自らの権力の基礎に正統性を付与できないという無能力によっても——政治運営における諸国家の役割は除去され、ただ一つの制御因子をもつ市場が打ち立てられると思われていました。それが今日、エピデミックを前にして指導者という概念が強化され、国家の統治者が社会の救済者という姿を呈している——いま私たちがギリシアで生きているのはそのような状況です。パンデミック以後の国民国家のありかたはどのようなものになるとお考えですか？

西洋政治史に関する考古学的研究をおこなったことでわかったのは、西洋政治の定めているシステムがつねに二極性をもっているということでした。カール・ポランニーの正当にも有名な本〔『大変容』〕がありますが、ポランニーはその本で、すでに第一次産業革命の時代には、国家権力と対立すると思われた市場イデオロギーが実際には国家権力と一体化しており、市場イデオロギーはこの秘密の共働を通じてのみ西洋社会の大変容を実現することができたということを示しました。どの時代にも、国家権力は新たな諸力とつねに共存してきました。その諸力が明確化されるのは国家権力の内部ということもあるし、外部ということもある。この共存は、中世における世俗権力と霊的権力の二元性についても言えるし、二十世紀における労働運動と国家組織の対立関係についても言えます。今日、グローバリゼーションや広域や、その帰結としての国民国家の衰微が云々されていますが、この一見したところ反措定《アンチテーゼ》と思われるものは、国家権力の廃止ではなく国家権力の変容へと流れこむことになります。西洋政治を定義づけている二極的システムは、新たな形式を取って機能し続けるでしょう。パンデミックによって明瞭に示されたのは、世界保健機関によって、また世界保健機関を事実上自らの発露とするビル・ゲイツによって予測された戦略はたしかにグローバルな戦略ではあるけれども、それは国民国家の決定的介入なしには実現されえないものであって、その戦略が必要とする強制的措置を取れるのは国民国家だけだということです。エピデミックは――それはつねにしかじかの dēmos〔人民〕を参照するものですが――このようにしてパン－デミックの中に書きこまれます。そこでは、dēmos〔人民〕はもはやしかじかの政治体ではなく、生政治的な人口なのです。

7

――最近、ドイツの新聞でいくつかの記事を読んだのですが、そこでは次のような問いが立てられていました。パンデミックの危機によりよいしかたで立ち向かったのは民主主義と専制、どちらの統治形式か？　最善の状態に関するアリストテレス的な問いは、リベラル民主主義の勝ち誇った優位に対して長きにわたって服従してきましたが、その問いが慎ましく戻ってきています。グローバル化されたリベラルな現状の異議申し立ては権威主義的・中央集権的なネットワークを横断することを余儀なくされるのでしょうか、それとも、国家や市場を超えた先で民主主義的な政治をあらためて創造するという見地があるのでしょうか？

エピデミックに対して全体主義的国家がモデルとして引用されうるということが示しているのは、人々がいかに政治的に無責任な点にまで達しうるかということです。ここでの誤りは、このばあい民主主義システムは不適切なものたりうるのではないか、という問いを立てているというところにあるのではない。これとは違う文脈でですが、テクノロジーがまったく浸透的なものとなっている事態を前にして民主主義は適切な政治形式なのかと、すでにハイデガーが過《あやま》たず自問しています。まずいのは、民主主義か専制かどちらかを選べという二者択一を立てているところです。私たちは、専制へと零落する傾向にある民主主義と、一見したところ民主主義的な形式を取っていると思われる全体主義とのあいだの永遠の振動に立ち会って数十年になりますが、その振動から逃れ出る、これらとは別の政治の形象を思考しなければならない。民主主義が専制へと零落する傾向にあるということを、私たちはすでにトクヴィル以来知っています。注意深い観察者には、今日私たちがヨーロッパにおいて、ますます専制的な制御形式を取るようになっていく民主主義に生きているのか、それとも民主主義の仮面をかぶった全体主義国家に生きているのかを見抜くことは困難です。来たるべき政治は、そのいずれをも超えた先で形作られるのでなければならないでしょう。

8

——最近宣明なさったいくつかの論考において、あなたはパンデミックの管理のしかたに関して、とくに多くの社会活動の禁止・宙吊り措置を課したことに関して、国家行政を批判していらっしゃいます。ところがそれらの措置は、敵意をもってとまでは言わずとも、明らかな慎重さをもって迎え入れられました。そのような慎重さを示した者たちの中にはかなりの数の政府官僚も含まれます。特徴的な例はドナルド・トランプやジャイール・ボルソナーロやボリス・ジョンソンです。アレクサンドル・ルカシェンコのような独裁者たちもそうですし、国際市場の多くの役者たちも明らかにそこに含まれます。禁止措置に対して、国際エリートの一部がこのように反感を示しているということをどのように評価なさいますか?

その事例でもまた、明晰であり続けるべき者たちの頭が緊急状況によってどれほどの混乱に投げこまれたかを計り知ることができます。また、右派と左派の対立が現実の政治的内容のすべてをどれほど完全に失ったかも計り知ることができる。真理は左で言われようが右で言表されようが真理のままです。ファシストが二足す二は四だと言うとしても、そのことが数学に対する反論になるわけではない。というわけで、ドイツでは「民主主義的抵抗（Demokratischer Widerstand）」という意味深い名をもつ極左運動が、憲法上の自由の侵害に対してまっとうな異議申し立てをしていましたが、これが最近になってメディアの乱暴な攻撃を受けました。その異議申し立てを極右と分かちもっていたからです。支配的システムの一機関である『シュピーゲル』誌から、この件でのご意見を伺いたいとインタヴューを受けました。その運動が明示的に私の名を挙げていたからです。私が宣明したのは、私はそのグループとは何の関係もないが、彼らは自分の意見を表明する権利をすべてもっているし、その権利は極右が似たような権利要求をしているからといっていささかも無効化されることがないということです。そのとき『シュピーゲル』誌のジャーナリストは、その雑誌ならではの特徴となっている悪習にしたがって私の返答を切り取り、前半だけを公表しました。

その事例であれば、あなたの挙げた政治指導者たちがこれこれではなくしかじかの意見を表明するよう仕向けられた諸理由のほうを分析しなければなりません。意見が真であるかどうかを問いに付すのではなく、それ自体としては正しい意見が用いられている、当の諸戦略のほうを検討しなければなりません。

——二〇二〇年五月二十日

『バビロニア』(ギリシアの雑誌)。ディミトラ・プーリオプールーによるインタヴュー

15 学生たちに捧げるレクイエム

私たちの予測したとおり、大学の授業は来年度からオンラインでおこなわれることになる。パンデミックと言われているものが、デジタル・テクノロジーをますます浸透的に流布するための口実に使われたというのは、注意深い観察者には明らかなことだったが、それが逐一そのまま実現された。

物理的にそこにいるという要素は学生と教員の関係においていつでも非常に重要なものだったが、教授法が変容することによってこれが決定的に姿を消す。セミナーにおいて集団でなされる議論は教育の最も生き生きとした部分だったが、これも姿を消す。とはいえ、授業のオンライン化の帰結として起こるこのような教授法の変容には私たちは関心がない。生から感覚の経験がすべて消し去られ、まなざしが亡霊的なスクリーンに持続的に監禁されて喪失されるという状況を私たちはいま生きているが、このことはテクノロジー的野蛮の一部をなしている。

いま起こっていることにおいては、それよりもはるかに決定的なことがある。意味深いことだが、そのことについて人はまったく語っていない。それは、生活形式としての学生団体が終わりを迎えるということである。大学はヨーロッパにおいては学生組合――ウニウェルシタス――から生まれ、大学《ウニヴェルシタ》という名はそこに由来している。つまり、学生の生活形式は何よりもまず、次のような生活形式だった。すなわち、それを規定するのはたしかに研究と授業の聴講ではあったが、それにおとらず重要なのは他の学生《スコラリス》たちとの出会いや熱心な意見交換だった。しばしば学生《スコラリス》たちは非常に遠い場所から来ており、それぞれの出身地によって同郷人会《ナティオネス》として集まった。この生活形式は何世紀ものあいだ、さまざまなありかたへと進化していったが、中世の放浪学僧《クレリクス・ウァガンス》から二十世紀の学生運動に至るまで、大学という現象の社会的次元は恒常的に存在していた。大学の教室で教えたことのある者であれば知っていることだが、いわば教師の目の前で友人関係が結ばれ、文化的・政治的な関心にしたがって小さな研究グループが構成され、彼らは授業が終わった後も会い続けていた。

こうしたことすべてが十世紀近くにわたって続いたが、それがいまや、これを限りと終わってしまう。学生たちはもはや大学の置かれている都市で生活することはなく、誰もが自室に閉じこもって授業を聴講することになるだろう。以前であれば自分の仲間だったはずの他の学生たちとは、何百キロも離れていることもあるだろう。かつて威信のあった大学の置かれている小都市の街路からは、しばしば当の都市の最も生き生きとした部分を構成していたあの学生共同体が姿を消してしまうだろう。

死んでいくいかなる社会現象についても、それはある意味では終わるに値していたのだと断言することができる。なるほど私たちの大学は、惜しんで嘆くこともできないほどの腐敗と専門的無知の点に達してしまった。その帰結として、学生たちの生活形式もそれと同じだけ悲惨なものになっていた。だが、以下の二点を揺るがせにしてはならない。

一。新たな情報通信的独裁に従うこと、講義をオンラインでのみおこなうことを受け容れる教授は——彼らはこぞってそうしているが——、一九三一年にファシズム体制への忠誠を誓った大学教員たちと完璧に等価である。そのとき起こったのと同様に、拒否するのは千人のうち十五人だけだというのもありそうなことである。だが、彼らの名は確実に、ファシズムに忠誠を誓わなかった十五人の教員の名のそばで記憶されることだろう。

二。研究を本当に愛する学生たちは、このように変容してしまった大学には入学を拒否し、大学の起源においてそうであったように新たなウニウェルシタスを構成しなければならないだろう。テクノロジー的野蛮を前にして、過去の言葉が生き生きとし続けることができ、何か新たな文化のようなものが生まれることができるのは——それが生まれるとすれば——、そのような新たなウニウェルシタスの内部だけである。

——二〇二〇年五月二十四日

16　汚らわしい二つの用語

保健衛生上の緊急事態のあいだに繰り広げられた論争において、汚らわしい用語が二つ現れた。「否定論者」と「陰謀論」というこの二つの用語には、明らかにただ一つの目標があった。人々の頭を麻痺させた恐怖を前にしてなおも執拗に考えている者たちの信用を失墜させる、というのがその目標である。

前者については贅言を費やすにもおよばない。「否定論者」という用語を使う者は無責任にもユダヤ人絶滅とエピデミックを同一の平面に載せており、意識的にせよ無意識裡にせよ反ユダヤ主義の性質を帯びている。私たちの文化の右派にも左派にも、依然としてかくも流布している反ユダヤ主義の性質をである。まさしく侮辱されたユダヤ人の友人たちが示唆しているように、ユダヤ人共同体はこの用語の不届きな濫用に関して声明を出すのが適切だろう。

それに対して、後者は足を留めるに値する。この第二の用語は歴史に対する無知を証し立てているが、この無知は本当に驚くべきものである。歴史家たちの研究に馴染みのある者にはよくわかっていることだが、歴史家たちによって復元され物語られる経緯は必然的にしかじかの計画・行動の結実となる。そのような計画・行動が、あらゆる手段を用いて自分の目標を追求する諸個人、グループ、派閥によって示し合わされたものだというのは非常によくあることである。

例は数多あるが、その中から三つを挙げよう。いずれも、一時代の終わりと新たな歴史的時期の始まりをしるしづける例である。

紀元前四一五年、アルキビアデスは自らの信望、富、便法のすべてを尽くし、シケリア遠征の実行に向けてアテナイ人たちを説得した。だが、その遠征は惨憺たる結果に終わり、アテナイの支配力の終焉を招くことになった。敵対者たちのほうはというと、遠征出発の数日前に起こったヘルメス像の毀損事件を利用し、偽証者を雇ってアルキビアデスに対する策謀を企て、彼を不信心の科《とが》で死刑にしようとした。

共和国憲法への忠誠を宣明していたナポレオン・ボナパルトは、ブリュメール十八日（一七九九年十一月九日）、クーデタによって総裁政府を転覆させ、自分こそが全権をもつ第一執政だと布告させて革命を終わらせた。クーデタは五百人会の反対を受けると予見されていたが、それに先立つ数日、ナポレオンはその反対を乗り越えることを可能にする戦略を整えるべく、シエイエス、フーシェ、リュシアン・ボナパルトと会っていた。

一九二二年十月二十八日、ローマで約二万五千人のファシストが行進した。これに先立つ数ヶ月に、後の三人官デ・ヴェッキ、デ・ボーノ、ビアンキとともにこの出来事を準備していたムッソリーニは、ファクタ首相、ダンヌンツィオ、実業界の代表者たちと接触し（国王とも極秘に会ったと考えている者たちもいる）、同盟が結べないか、ありそうな反応はどのようなものかと探りを入れている。ファシストたちは総稽古として八月二日にアンコーナを軍事占領している。

これら三つの出来事のいずれにおいても、こうと決めた目的を決然と実現すべくグループや党派にまとまった諸個人が行動している。彼らがそのつど渡りあう付帯状況の数々には予見可能なものもあればそうでないものもあるが、自分たちの戦略をそれらの付帯状況に適用していく。たしかに、人間の関わる事柄の経緯には偶然の働く余地がつねにある。だが、人間の歴史を偶然で説明するということには何の意味もないし、真面目な歴史家は誰もそのようなことをしたことがない。だからといって「陰謀」を云々する必要があるわけではないが、経緯や推移を詳細に復元しようとした歴史家たちを陰謀論者だと定義づける者が仮にいるとすれば、そのような者が自らの愚かさをとは言わずとも無知を証していることになるというのは確かである。

だから、そうしたことがイタリアのような国で執拗におこなわれているというのはなおのこと驚きである。ここ最近のイタリア史はあらゆるたぐいの謀計、秘密結社、策略、策謀の結実となっている。その結実ぶりたるや、フォンターナ広場爆破からモーロ殺害に至る過去五十年の決定的出来事の多くに対して、歴史家たちが依然として片をつけられずにいるほどである。このことは、共和国大統領コッシーガが当時、グラーディオの名で知られるそのような秘密結社の一つに積極的に参与していたと宣明しているほどには真である。

パンデミックに関して言えば、信頼できる研究が示しているところでは、今回のパンデミックが予期せず訪れたわけでないのは確かである。パトリック・ジルベルマンの『微生物の嵐』（ガリマール社、二〇一三年）が効果的に資料を提示しているとおり、すでに二〇〇五年に世界保健機関は鳥インフルエンザに際して今回と同様のシナリオを示唆し、市民の無条件の支持を確保する方法としてそのシナリオを諸政府に提案していた。その機関の主要出資者であるビル・ゲイツは、パンデミックのリスクに関する自らの考えをさまざまな機会に知らしめている。パンデミックは何百万の死者を引き起こすものであり、それに対して私たちは準備をしておかなければならないというのである。かくして二〇一九年には、アメリカのジョンズ・ホプキンズ健康セキュリティ・センターは、ビル&メリンダ・ゲイツ財団の出資する研究においてコロナウイルスのパンデミックに関するシミュレーションをおこなった。「イヴェント二〇一」と呼ばれるそのシミュレーションには、新たなウイルスが出現したばあいに備える回答を準備すべく専門家と疫学者が集められた。
歴史の常だが、このばあいもまた、自分の目標を合法・不法を問わず追求する人間たちがあり、もろもろの組織がある。彼らはあらゆる手段を用いてその目標を実現しようとする。重要なのは、起こっていることを理解したいと欲している者はそのような者たちの目標を知っており、それを考慮に入れているということである。したがって、陰謀を云々することは、諸事実からなる現実に何も付け加えはしない。だが、歴史的な経緯をあるがままに認識しようとする者たちを陰謀論者と定義づけることは、単に汚らわしいおこないである。

——二〇二〇年七月十日

17 法権利と生

人間の健康が法権利と政治に賭かるものとなった現況は、法権利と生のあいだにあるべき正しい関係について省察する機会を提供してくれる。偉大なローマ法制史家ヤン・トマは、ローマ法においては自然や人間の自然的な生が法権利に自然なままで入りこむことは一度としてないということを示した。いわく、自然や人間の自然的な生は法権利から分離されたままであり、特定の法的状況のための架空の前提としてのみ機能する。すべてが万人に共通であるという自然的な原則は、空気、海、岸辺を法的所有権の圏域から除外する制限としてのみ有効だが、万人に共通の事物はただちに無主物《レス・ヌッリウス》となり、その無主物が、それを占拠する最初の者の所有権を基礎づける。それと類比的に言えば、市民権というのは任意に処分できない、時効のない法的所与である。それは、これこれの場への物理的居住に依存する居住地《ドミキリウム》とは違って出自《オリゴ》によって獲得されるものだが、その出自というのは出生という自然的な事実ではなく、父の出生地に結びつけられた法的構築物である。

十九世紀の法学者たちは、この法的な仕掛けを血統法《ユス・サングイニス》へと変容させた。ヤン・トマが書いているように、そこにおいて「今日支配的なものとなっている生物学的イデオロギーへと通ずる血の神秘主義が、架空の系譜的構築物でしかなかったものに重ね合わせられる」。二十世紀の最初の数十年から起こったのは、法権利が徐々に自らの中に生を包含し、生を法権利に特有の対象とし、折りに触れこれを擁護したり排除したりする傾向をもったということである。法権利が生をこのように引き受けたということには肯定的な側面しかないと信ずることもできるだろうが、実際にはそうではなく、このことによって最も極端なリスクへの道が開かれてしまう。ミシェル・フーコーの研究によって効果的に示されたように、生政治はじつのところ、避けがたく死政治へと転向する傾向にある。市民の生物学的な生は管理・促進すべき財であるとして、これに法権利が明示的にたずさわりはじめると、この関心はただちに、一九二〇年にドイツで刊行されたあまりに有名な著作の題が唱えているような「生きるに値しない生（lebensunwertes Leben）」という考えへと影を投げかけることになる。

じつのところ、しかじかの価値が規定されるごとに、無価値も必然的に措定される。健康保護には、疾病へと通じうるあらゆるものの排除・除去という別の顔がある。国家が市民の健康管理を計画的に引き受けた立法の最初の例がナチの優生法だったということについて、私たちは注意深く省察すべきだろう。権力掌握の直後にあたる一九三三年七月に、ヒトラーはドイツ人民を遺伝病から保護する法を布告させた。これによって遺伝健康裁判所（Erbgesundheitsgericht）が作られ、この裁判所は四〇万人の強制不妊化を決定した。これほど知られてはいないが、ナチズム以前に、カーネギー研究所とロックフェラー財団から有力な資金提供を受けた優生政策がアメリカ合衆国、とくにカリフォルニアで計画的に実施されていた。ヒトラーはそのモデルに明示的に言及している。健康は、生政治へと変容した国家政策の対象となると、個人の自由な決定に関わるような何かではなくなり、いかなる対価を払っても果たすべき義務となる。その対価の高さなど重要ではない。

ヤン・トマは、法制史にとって法権利と生は混同されてはならないということを示したが、それと同じように、法権利と医学も分離されたままであるべきである。医学には、医学が何世紀にもわたって従ってきた諸原則にしたがって疾病を治療するという任務がある。その諸原則は、撤回できないしかたでヒッポクラテスの誓言によって裁可されている。人々が、諸政府と必然的に両義的かつ無規定な協定を結びながら立法者の位置に身を置くならば、パンデミックに対してイタリアで見られたように、このことは健康面で肯定的な結果に通じていないのみならず、個人の自由に対する受け容れがたい制限に通じうるものである。この制限に対しては、医学的な理由の数々が、社会生活の先例のない制御に対する理想的口実を提供できる。今日、万人にとって明らかであるに違いないようにである。

「沈黙による論証《アルグメントゥム・エ・シレンティオ》。さあ、もっと大声で語れ、黙《もだ》した言葉よ」。

——本書初出

18 緊急状態と例外状態

私が以前はいささかなりと敬意を抱いていたことのある法学者が、体制寄りの新聞に論考を寄稿したところである。彼がそこで展開している議論は法学的たろうとしているとおぼしいが、彼がその議論によっておこなうとしているのは、政府が何度も宣明している例外状態を正当化するということである。その法学者は緊急事態と例外を（より正確には、緊急状態と例外状態を）区別しているが、その区別にあたって彼は、委任的独裁が現行の政体を保存ないし修復することを目標とするのに対して主権的独裁は新たな秩序を設けることを目指すという、シュミットによる委任的独裁と主権的独裁の区別をそれと明かさずに借りている。実際には、この議論立ては法権利のうちにいかなる基礎ももたない。いかなる政体も、自らが合法的に転覆されることを予見することはできないからである。だから、主権者とは「例外状態に関して決定する」者であるとする有名な定義を含む『政治神学』において、シュミットが単に「例外状態（Ausnahmezustand）」を云々しているのはもっともである。この「例外状態」はドイツ法学の教説において、またその外部においても、法的秩序と政治的事実のあいだ、法とその宙吊りのあいだの無主地を定義づけるための専門用語として不可欠のものとなっている。

この法学者はシュミットの最初の区別をそのまま引き写し、緊急事態が保守的であるのに対して例外は革新的であると断言している。「緊急事態への依拠は、できるだけ早く常態に戻るためになされるが［…］、それに対して例外状態への依拠は、規則を破り新たな秩序を課すためになされる」。緊急状態が「システムの安定性を前提としている」のに対して、「例外は、異なるシステムへの［…］道を開く、システムの瓦解を前提としている」。

この区別は当然のことながら政治的・社会学的なものであって、問題となっているシステムの実際の状態、安定性、瓦解に関わる個人的な価値判断を参照している。その個人的な価値判断は、法の宙吊りを布告する権力をもつ者たちの意図にも関わっているが、法的観点からすればその宙吊りは緊急事態であろうと例外であろうと実質的には変わりがない。というのも、いずれのばあいも憲法上の保証が単純に宙吊りにされることにおいて解決がなされるからである。我こそは例外状態の目的を確実に値踏みできる者だと称せる者など誰もいないが、その目的がどのようなものであろうと例外状態はただ一つである。例外状態がひとたび宣明されてしまえば、当の例外状態を規定した諸条件の現実性ないし重大性を検証する権力をもつような審級は一つとして想定されない。この法学者はある時点で、「私たちが今日、保健衛生上の緊急事態に直面しているということに疑念の余地はないと思われる」と書くが、そのように書かなければならなくなるのも偶然ではない。興味深いことだが、この主観的判断はいかなる医学的権限をもっているとも主張できない者によってなされており、その判断に対してはそれとは異なる、それよりも確実に権威ある判断の数々を対置することができる。当人は「科学共同体からは不調和な声の数々が発されている」と認めている。したがって、その判断を下すことができるのは最終的には、緊急事態を布告する権力をもっている者である。だとすれば、その判断はなおのこと主観的である。無規定の権力を含む例外状態とは異なり、緊急状態は「常態に戻るという目的があらかじめ規定されている権力をのみ含んでいる」と法学者は続けている。ところがその直後で彼は、その権力を「事前に特定することはできない」と認めている。唯一の要点は、憲法上の保証の数々を宙吊りにするということであるに違いない。この観点からすれば、緊急状態と例外状態のあいだには何の違いもない。このことを理解するのには、それほどの法学の素養は必要ではない。

この法学者の議論立ては二重に詭弁となっている。法的ではない区別を法的区別として導入しているのみならず、政府の布告している例外状態をいかなる対価を払っても正当化しようとして、自分の管轄外の、事実に関わる疑わしい議論立てに依拠することを余儀なくされているからである。彼は次のことを知っていなければならないだけに、このことはなおのこと驚きである。すなわち、彼が単に緊急状態と見なしている現在の状態において、二度の世界大戦の最中にもファシズム期にも一度として手をつけられたことのない諸権利や憲法上の保証の数々が宙吊りにされ侵害された。また、これが一時的状況ではないということは他ならぬ統治者たちによって力強く断言されている。彼らは、ウイルスは消滅していないのみならず、いつでも再出現しうると倦まず繰り返している。

もしかすると知的誠実さがわずかに残っていたからかもしれないが、この法学者は論考の最後に、「ウイルスを脇に置くとしても、ともかく世界全体が多かれ少なかれ安定的に例外状態において生きているのだ、と悪くない議論を主張する」者たちの意見に言及している。「資本主義という経済的‐社会的システム」は法治国家という装置では自らの危機に立ち向かうことができないというのである。この観点から彼は、「社会全体の身動きを取れなくしているウイルスのパンデミック感染は偶然の出来事だが、支配下にある人民を制御するためにこの不意の好機を捉えるべきである」と認めている。自分の生きている社会の状態についてもっと注意深く省察をおこなってはどうかと、また、残念ながら法律家は自分の生きているシステムを正当化することだけを責務とする官僚となって久しいが、法律家というのはそれにとどまるものではないと思い起こしてはどうかと彼に求めるのは正当なことだと私には思える。

――二〇二〇年七月三十日

19

恐怖とは何か？

人々は今日、自分の倫理的・政治的・宗教的な信念を忘れてしまうほどの恐怖に陥っているように思われるが、恐怖とは何か？　たしかに、それは馴染みのある何かではある——だが、それは定義しようとすると執拗に理解を免れるように思われる。

気分としての恐怖について、ハイデガーは『存在と時間』第三十章で模範的論述をおこなっている。恐怖は、現存在（これは人間の実存論的構造を表す用語である）がつねにすでに気分の中に配されているということを忘れずにいるとき、はじめて理解しうるものとなる。気分は、世界への現存在の根源的な開かれを構成する当のものである。まさに、情態性において問われているのは世界の根源的な発見であるから、意識はつねにすでに情態性によって先立たれている。それゆえ、意識は情態性を自らの思うままにはできず、自らの好きなように支配できると信ずることもできない。じつのところ、気分はしかじかの心理状態とけっして混同されてはならない。それは、人間をつねにすでに自らの世界内存在へと開示する開かれという存在論的な意味をもっている。その開かれから出発してはじめて、経験や情感や認識が可能になる。「内在的省察が「経験」を見いだすことができるのは、現が情態性においてすでに開示されているからに他ならない」。気分は私たちに襲いかかるが、「それは「外」から来るのでも「中」から来るのでもない。それは世界内存在の様態として、世界内存在自体から立ち上がってくる」。他方、この開かれには、開けている先がそれとして認識されるということは含意されていない。それどころか、開かれはただ、剥き出しの現事実性を表明する。「純然たる「現にそこにあること」」が自ずと示され、どこからか、どこへかは暗闇にとどまっている」。情態性が現存在を自分自身の「現」へと「委ねられた」存在へ、「投げ出された存在」へと開く、とハイデガーが言えるのはそのためである。つまり、気分において起こる開かれは、引き受けられない当の何かへと委ねられた存在という形式、人が逃げ出そうと――空しく――努める当の何かへと委ねされた存在という形式を取っている。

このことは不機嫌、退屈、憂鬱においては明白である。あらゆる気分同様、これらは現を「より根源的に」開くが、それは現を「いかなる非知覚よりまして執拗に」閉じもする。かくして、憂鬱において「現存在は自分自身に対して盲目となる。人の配慮する当の環境世界にはヴェールがかかり、配慮の目配りは見誤る」。しかしながら、ここでもまた現存在は開かれへと委ねられ、そこからはどのようにしても自らを解放することができない。

恐怖に関する論述は、この気分の存在論という背景にこそ位置づけるべきである。ハイデガーは、恐怖という現象の三つの局面を検討するところから始めている。その三つとは、恐怖の「何に対して（Wovor）」、「恐怖すること（Fürchten）」、恐怖の「何のゆえに（Worum）」である。「何に対して」とは恐怖の対象のことである。これはつねに、世界の中にある存在者である。私たちを脅かすものはつねに——その本性はどうあれ——世界に生じている何かであり、そのような何かであることによって脅威性、有害性という性格をもつ。その対象は多かれ少なかれ知られてはいるが、「だからといって安心できるわけではない」。距離がどれほどあろうと、それはしかじかの近さの中に位置づけられている。「有害なものは脅威をもたらすものとして、依然として支配できる近さにはないが、近づいてくる。

近づけばそれだけ有害性が放たれる。脅威をもたらすという性格はそこに存する［…］。近づいてくる限りにおいて、有害なものは脅威をもたらす。それは襲ってくるかもしれないし、そうではないかもしれない。近づくにつれて、この「そうかもしれないし、そうではないかもしれない」がつのってくる［…］。有害なものが近づくと、見逃されるかもしれない、やり過ごせるかもしれないという可能性もよぎるが、そのことによって恐怖は減りも消えもしない。それどころか、恐怖は増す」（一四〇—一四一頁）。（恐怖を特徴づける、「確かな不確かさ」とでも言われるようなこの性格は、恐怖に対してスピノザが与えている定義においても明白である。いわく、それは「恒常的でない悲しみ」であって、その悲しみにおいて「人は自分が嫌っているものの行方を疑う」）。

恐怖の第二の性格である怖れ（「恐怖すること」自体）に関してハイデガーは、まず最初に将来の害悪が合理的に予見され、しかる後に怖れが訪れる、というわけではないと断っている。むしろ最初から、近づいてくるものは怖ろしいものとして発見される。「そして、恐怖は恐怖することによってはっきりと目を向け、怖ろしいものを「明瞭にする」ことができる。目配りが怖ろしいものを目にするのは、目配りが恐怖という情態性のうちにあるからである。恐怖することは、情態的な世界内存在のまどろむ可能性として、「恐怖性」として、世界をすでに開示している。その世界からは、何か怖ろしいものが近づいてくることができるのである」（一四一頁）。現存在の根源的な開かれとしての恐怖性は、個々の恐怖のすべてにつねに先立っている。

最後は「何のゆえに」である。「誰のゆえに、何のゆえに」恐怖は恐怖するのかということだが、これに関しては問われるのはつねに、恐怖している存在者自体、現存在、個々の人間である。「自分の存在において当の存在自体が問題となっている存在者だけが怖れることができる。恐怖することはこの存在者を、自らが危険に曝されることのうちに、自分自身へと放り渡されることのうちに開示する」（同箇所）。なるほど、自分の家や財産や他の者たちのゆえに、それらの行く末が気になって恐怖を覚えることもあるが、そのこともこの診断に対する異議とはならない。人が誰か他の者のゆえに「恐怖する」と言うときに、だからといって自分は本当には脅かされていないということもありうる。また、実際に恐怖を覚えるとすれば、それは私たち自身のゆえにであって、その他の者が私たちから引き剥がされてしまうのではないかと私たちが怖れる限りにおいてである。

この意味で、恐怖は情態性の根本的様態であり、それは人間存在をつねにすでに露呈された存在、脅威をもたらされた存在へと開く。当然のことながら、この脅威にもさまざまな度合いや程度がある。脅威的なものが「いまのところはまだないが、いかなる瞬間にも起こりうる」とともにそこにあり、それが不意にこの存在に襲いかかってくると、恐怖は「恐愕

(Erschrecken)」となる。脅威的なものがすでに知られたものではなく、自分とまったく無縁なものという性格をもっているならば、恐怖は「戦慄(Grauen)」となる。脅威的なものがこの二面をあわせもつならば、恐怖は「恐慌(Entsetzen)」となる。いずれにせよ、さまざまに異なる形式を取るこの気分はいずれも、人間が世界への自らの開かれにおいて構成上「怖気づいている」ということを示している。

ハイデガーが『存在と時間』で恐怖以外に検討している気分は不安だけであって、根本的な気分という序列を割り当てられているのは――恐怖ではなく――不安のほうである。しかしながら、ハイデガーはまさに恐怖との関係においてこそ不安の本性を定義づけることができている。その定義づけにあたって彼は何よりもまず、「不安が不安がる当のものを、恐怖が恐怖する当のものから」(一八六頁)区別している。恐怖が関わるのはつねに何かであるのに対して、「不安の「何に対して」は世界の中にあるしかじかの存在者ではない」。ここで生み出される脅威は、脅威的なものからの特定の損害という性格をもたないだけではない。「不安の「何に対して」はまったく無規定である。この無規定性は、世界の中にあるいかなる存在者が脅威をもたらすかを、事実上未決のままにするだけではない。それは一般に、世界の中にある存在者は「関与的」でないということを意味している」（同箇所）。不安の「何に対して」は存在者ではなく、世界としての世界である。つまり、不安とは世界としての世界の根源的な開かれのことである（一八七頁）。そして、「世界内存在が［…］恐怖を覚えることができるのは、不安がつねにすでに世界内存在を潜在的に規定しているからに他ならない。恐怖とは、「世界」へと頽落した不安である。その不安は非本来的であり、恐怖自体に対して恐怖としては隠されている」（一八九頁）。

ハイデガーは恐怖に対して不安が優位にあると断言しているが、その優位は容易に顚倒させることができる、というもっともな指摘がなされたことがある。恐怖とは減衰した不安のことだ、しかじかの対象へと頽落した不安のことだと定義づける代わりに、不安とは対象を欠いた恐怖のことだと定義づけることも、同じだけの正当性をもっておこなうことができる。恐怖から対象を除けば、恐怖は不安へと姿を変える。この意味で言えば、恐怖とは、人間がつねにすでに陥るおそれのある根本的な気分のことだということになる。ここから、恐怖のもつ本質的な政治的意味が生じてくる。その政治的意味は、権力が少なくともホッブズ以来、自らの基礎と正当化を求めるところとして恐怖を構成する。

ハイデガーの分析を展開し、継続してみよう。ここで私たちの関心を引く見地からすると意味深いのは、恐怖が参照するのはつねにしかじかの「事物」、世界の中にある存在者だということである（今回のばあい、参照されているのはウイルスという、存在者の中でも最小のものである)。世界の中にあるというのは、それが世界の開かれとのいっさいの関係を失い、いかなる超越性ももつことなく現事実的に、容赦なく存在するという意味である。ハイデガーにとって世界内存在の構造は超越性と開かれとを含意するが、まさに他ならぬその超越性こそが現存在を事物性の圏域へと引き渡す。じつのところ世界内存在とは、世界の開かれが啓《ひら》き出現させる諸事物へと同根源的に委ねられるということを意味する。世界に乏しい動物は対象としての対象を知覚することができないのに対して、人間は世界へと自ずと開けている限りにおいて、事物としての事物へと救いなく引き渡されることができる。

ここから、恐怖の根源的可能性が生じてくる。恐怖とは、人間が世界と諸事物のあいだの結びつきを失い、世界の中にある存在者へと容赦なく引き渡され、いまや脅威的なものとなるしかじかの「事物」との関係に片をつけることができないというときに、自ずと開示される気分のことである。「事物」は世界との関係をひとたび失うと、それ自体において恐慌をもたらすものとなる。近代においては人間が事物性へと救いなく引き渡されてしまうということが起こっているが、恐怖とはそのように引き渡されるときに人間が陥る次元のことである。

この意味で言えば、人を脅かす存在、恐怖映画で人間たちに襲いかかり脅威をもたらす「事物」は、この避けようのない事物性の化身である。

ここからはまた、恐怖を定義づける無力感も生じてくる。恐怖を覚える者は、あらゆる手段を用いて、またあらゆる方策を採って——たとえばマスクを着用したり家に閉じこもったりして——、脅威をもたらす事物から自分を護ろうとする。だが、そのようなことをしてもまったく安心できない。それどころか、当の「事物」に対する自分の無力はますます明白かつ恒常的なものとなる。この意味では、恐怖は力への意志とは逆のものとして定義づけることができる。すなわち、恐怖の本質的性格は無力への意志である。それはつまり、恐怖をもたらす事物に対して「無力でありたいという欲」である。それと類比的に、次のようなことも起こる。安心するために、人は当該の件に関する権威者と認識されている者——たとえば医師や市民保護局の官僚たち——に身を委ねることができる。だが、そのようにしたところで、恐怖に随伴するセキュリティ不全感が廃されることはまったくない。恐怖は構成上、セキュリティ不全への意志、つまり「セキュリティ不全でありたいという欲」である。人々に安心を与えねばならぬはずの主体たちがその反対にセキュリティ不全を持続させているほどには、このことは真である。彼らは、怖気づいている者たちの利害関心に即して、恐怖をもたらしている当のものには打ち勝てないのだ、これを限りと除去することはできないのだと倦まず思い出させている。

人間が構成上つねに身を投じようとしていると思われるこの根本的な気分に片をつけるにはどうすればよいのか？　恐怖は認識や省察に先立ち、先回りする。そうである以上、怖気づいた者を証拠や合理的議論で説得しようとするのは無駄である。恐怖とは何よりもまず、他ならぬ恐怖によって示唆されたのではない理屈に達することができないという不可能性のことである。ハイデガーが書いているように、恐怖は「混乱させ、「頭を真っ白に」してしまう」（一四一頁）。かくして、エピデミックを前にして見られたのは次のような光景である。すなわち、権威ある情報源に由来する確かなデータや意見が発表されても、それは軒並み無視され、黙過された。その無視や黙過は、科学的に信頼されるものたろうと努めさえしない他のデータや意見の名のもとになされていた。

恐怖が根源的性格をもつ以上、それと同じだけ根源的な次元に達することができてはじめて恐怖に片をつけることができるだろう。そのような次元は存在する。それは他ならぬ、世界への開かれのことである。その開かれにおいてのみ事物は出現し、私たちに脅威をもたらすことができる。事物が人を脅かすものとなるのは、事物を超越するとともに事物を現前させている世界に事物がともに属しているということを私たちが忘れているからである。「事物」を分離不可能と思える恐怖から断ち切る唯一の可能性となるのは、事物がつねにすでに露呈され啓かれている当の開かれを思い出すというものである。理屈ではなく記憶が――自分を思い出し、私たち自身の世界内存在を思い出すことが――、恐怖を離れた自由な事物性への到達を私たちへと回復させてくれることができる。目に見えないのに私を怖れさせる「事物」は、世界の中にある他のあらゆる存在者と同じく――この樹木、この奔流、この男と同じく――純然と自らが存在するということのうちに開かれている。事物が私に対して出現することができ、ばあいによっては私に恐怖をもたらすことができるのは、私が世界内存在であるからに他ならない。事物は私の世界内存在の部分をなしており、そのことが私の振る舞いの倫理的・政治的な諸規則を命じてくる——のであって、抽象的に分離された事物性、主権を帯びたものとして不当に立てられている事物性がそれを命じてくるのではない。なるほど、樹木は砕けて私の背に降りかかってくるかもしれない。奔流は溢れて村を水没させるかもしれない。この男は不意に私を叩くかもしれない。このような可能性が不意に現実のものとなるにせよ、パニックに陥ったり頭が真っ白になったりすることなく、正当な怖れが適切な用心を示唆してくる。誰かが自らの権力を私の恐怖に基礎づけ、緊急状態を安定的規範へと変容させ、私のできることとやできないことを思うままに決定し、私の自由を保証していた数々の規則を抹消しているが、正当な怖れはそのような誰かのおこないをそのままやらせておくのである。

——二〇二〇年七月十三日

翻訳者あとがき

本書『私たちはどこにいるのか？　政治としてのエピデミック』は、以下の日本語訳である。Giorgio Agamben, *A che punto siamo? L'epidemia come politica* (Macerata: Quodlibet, 2020). 原書は二〇二〇年七月に刊行されている。なお、原著者の要請にしたがって、末尾付近に三つの論考を追加している（「汚らわしい二つの用語」「緊急状態と例外状態」「恐怖とは何か？」）。

原題を直訳すれば『私たちはどの点にいるのか？　政治としてのエピデミック』となるが、ここで「点」というのは要するに、（事態の悪化によって）辿り着く地点のことである。わかりやすさを優先し、日本語タイトルは「私たちはどこにいるのか？」とした。なお、副題「政治としてのエピデミック」のほうは原書と同一である。

「前書き」で説明されているとおり、COVID-19（「新型コロナウイルス感染症」）のエピデミック――後にパンデミックとなる――をきっかけとして、現代イタリアの哲学者ジョルジョ・アガンベン（一九四二―）が二〇二〇年二月末以降書き継いだ諸論考をおおむね発表順に収録した小さな本である。その諸論考は基本的に、新聞や、出版社クォドリベットのサイトに随時掲載されたものである（後から追加された三篇もそのサイトに掲載されている）。収録にあたって修正が加わっている細部もあるが、大幅な変更は施されていない。

本来、翻訳者が余計なことを付け加える必要はない。訳註もいっさい付さなかったが、難解なほのめかしなどは存在しないので、それほどの困難もなく読めるものと期待する。参照されている各典拠も、比較的容易に標定できるだろう（「恐怖とは何か？」で示されているハイデガー『存在と時間』のページはドイツ語原典のものだということのみ記しておく）。

ただ、本書ではじめてアガンベンの主張に触れるという読者もいるだろう。最低限の補足を試みる。

アガンベンはイタリアを――というよりヨーロッパを、あるいは世界を――代表する、現代で最も著名な哲学者の一人である。早くも一九六〇年代後半（二十歳代なかば）からキャリアを開始している。初期は美学・図像学を、次いで言語学・言語哲学・歴史哲学を探究する、風変わりな文献学の徒であった。それが、八〇年代末からは時事も自らの考察の圏内に収め、広い意味での政治哲学を展開するようになる。本書は明らかにその延長線上に位置している。

その一種の政治哲学の中核を構成するのが、「ホモ・サケル」の総題のもとで一九九五年から二十年にわたって書き継がれた九冊である。とくに、「主権的権力と剥き出しの生」の副題をもつ同名の第一巻（以下、単に『ホモ・サケル』とする）、第二－一巻『例外状態』、第二－四巻『王国と栄光　オイコノミアと統治の神学的系譜学のために』、第三巻『アウシュヴィッツの残るもの　アルシーヴと証人』、第四－二巻『身体の使用』は、広い意味での政治に関するアガンベンの思想を十全に理解するうえで読解が不可欠である。なかでも『ホモ・サケル』は別格であり、主著の座はこの先も揺らぐことがないだろう。

本書を読むにあたって、これらの著作にあらかじめ触れていることがどの程度まで必要かということは、本来であれば私の言えることでも、言うべきことでもないかもしれない。実際、作者のこれまでの仕事に関する予備知識がなくとも、この小さな本の主張をひとまず追うことはできる。

ただ、本書のばあい、まずは受容の状況が相当に特殊だということがある。有り体に言えば、少なくともヨーロッパでは、アガンベンのコロナ関連の議論を擁護する者は本当の少数派にとどまっている。自分の議論が言論の場から文字どおり締め出されている様子は本人によっても繰り返し語られている。嘲笑と黙殺の対象となったアガンベンが頑固に続けた抵抗の記録が本書だと言ってもそれほど的外れではないだろう。

この件でアガンベンが発言を始めた二〇二〇年二月末は、ヨーロッパではエピデミックの直前にあたる。彼は、この騒動をめぐって自身の立場から発言する者がまだ稀だった頃に、率直な違和感を開陳するという、それほど奇異とも思われない、哲学者としてはむしろ真っ当な身振りを示してみせた。事実上、アガンベンは哲学者としては最初の発言者だったと言ってよい。

しかし、タイミングは最悪で、その後すぐにイタリアはエピデミックに見舞われる。アガンベンの議論は完全に出鼻をくじかれた。エピデミックへのさまざまな現実的対処の具体的是非に関する議論によって言論の場は埋め尽くされ、それ以外の本質的な議論は悠長にして無用なもの、時代遅れのものとして締め出されてしまった。しかし、耳を傾ける者がごくわずかになってしまった後にもアガンベンは議論と弁明を続けた。本書はその証しとなっている。

そうであってみればなおのこと、表面的な読みを避けることが必要とも思われる。このことは、アガンベンの議論を擁護するばあいも批判するばあいも変わらない。容易に理解できるところだけをつまみ食いして、すべてを理解した気になるのはあまりに危険である。科学の恣意的参照が非難されている一事をもって意を強くしたり、死者の葬儀権が主張されていることから通俗的な人間愛の発露を読み取って感動したり、あるいは逆に、COVID-19の軽視を早とちりとして嗤ったり、諸々の細部に典型的な陰謀論の発露を見て呆れたりしてもよいが、それだけでは、彼の議論を単なる知的なおもちゃとして消費することにしかならない。

なるほど、アガンベンの議論に不備がないわけではない。病原体SARS-CoV-2(「新型コロナウイルス」)や疾病COVID-19(「新型コロナウイルス感染症」)の実態についての議論は、死者数に関する若干の議論を除けば、まったく展開されていない。たとえば、感染者の大半が重症化しないからこそ容易に伝播してしまい、それによって高リスク群にまで感染が届き、ついには医療崩壊が導かれる、という周知の特性については触れられていない。高リスク群の死亡者はもともとの疾病を死因として計上されるべきだと読める一節は存在するが、いずれ病死者の総数が増加したことが判明すればこの議論すら正当性を失ってしまうだろう。COVID-19の危険については明らかに小さく見積もられているが――そのような立論も排除されるべきではない――、さすがに一言あってもよさそうな、医療従事者の感染・死亡に関する議論は登場しない。関連する議論として、これまでに医療資源が削減されてきたことへの批判は見られるにしてもである。

また、強権主義が否定され、リモートでの宗教行為が否定され、マスク着用が否定され、オンラインでのコミュニケーションが否定されているが、何らかの有効な代案が具体的に提示されるわけでもない。これを、「統治する側に成り代わって考えることはしない」「無法や暴政に対して代案を立てて相手の土俵に乗ることはしない」という一貫した姿勢の現れだとして評価することは可能だろうが（とりわけ危機が訪れると、少なからぬ人がなぜか施政者の立場から物事を考えてしまうというのは奇妙な事実ではある）、それにしても納得の行かない読者は少なくないだろう。

とはいえ、そのようなアガンベンのコロナ発言も、一点を把握することで見通しがよくなるはずである。その一点とは、この小さな本で一貫して批判されているのは主権的権力の新たな権力行使のパターンに他ならないということでである。その権力行使のパターンは、例外状態のなし崩し的な引き延ばしによって特徴づけられる。「前書き」の末尾付近で、「制度的諸権力は［…］正統性の喪失を、ただ永続的な緊急事態の生産によってのみ、またそれによって産出されるセキュリティへの欲求によってのみ堰き止めることができた」とあるのが、その事態を指す。その他はすべて付随的な論点だと極言することも不可能ではないだろう。

見かけとは異なり、じつは本書では狭義の（疫学的な意味での）エピデミックについては語られていないと言ってもいい。論じられているのはもっぱらエピデミックと政治・社会との関わり、平たく言えば政治がらみのコロナ騒動についてである。それは、本書副題の「政治としてのエピデミック」によって表されている当のものである。物議を醸した第1論考「エピデミックの発明」で言われているのも、当然ながら、疫学で云々される狭義のエピデミックがまるごと発明された（でっちあげられた）ということではなく——それはさすがにありえない——、無秩序を運営するための新たな絶好の機会として当のエピデミックが見いだされ、そのような掘り出し物として活用されたということである。その意味では、この「発明（invenzione）」はひょっとすると、聖遺物などについて言われる「発見（invenzione）」という古い語義で理解したほうがわかりやすいかもしれない。

さて、そのように「発明」されたエピデミックを活用する統治の主体となるのが、主権的権力をもつ国家（の統治者たち）であり、それと手を結ぶのが科学（ないし医学）、そして経済である。だが、そもそもの「主権的権力」というのが何なのか、つまりはそれがどのように振る舞うものなのかを理解しておかなければ、ここでの議論は、最善でも哲学者の床屋政談と読まれてもおかしくないし、最悪のばあいは老思想家の無責任な陰謀論とも解されかねない。実際そのように受け取られたからこそ、本書ではそのような受容に対する反論も繰り返されている。

本書を読むにあたって、少なくとも『ホモ・サケル』と『例外状態』――そして、できれば『王国と栄光』――の議論の本筋にあらかじめ触れておくことがやはり必要と思われるのはそのためである。以下、必要最小限の雑駁な説明を試みる。

『ホモ・サケル』は、主権的権力の逆説的なありさまを説き、近現代におけるその現れを辿る本である。

主権的権力とは主権者が法によって行使する権力のことだが、それはカール・シュミットの議論を借りて、「例外に関して決定する」権力と定義される。すなわち、主権者は法権利から外れるものの何たるかを決定する権力を備えている。この権力は自らの威の及ぶところ（法権利）を任意に退却させ、その結果として一種の無主地（主権者の法権利の及ばない地帯）に置かれることになったものに対しては事実上、あらゆる暴力が行使されうる。

その典型例として、アガンベンは古代ローマのホモ・サケル（聖なる人間）という形象を挙げている。ある種の違反を犯した者は通常の司法による制裁を受けず、「ホモ・サケルであれ」と宣告される。その者は処罰されないが、任意の者に殺害されても殺人罪が構成されない。このような存在を生産することを例外化ないし締め出しという。主権的権力はこの例外化によって定義づけられるというのがアガンベンの立論である。

近代の人民主権においても、主権的権力が存在する以上は例外化は作動し続けている。ホモ・サケルは人民自体の中に生産されることになる。アガンベンによれば、そこで「聖なる」例外の位置を占めることになったのは、政治生活と切り離されうる各人の生命（生きているという事実）だという。主権的権力はやはり法権利を任意に退却させ、それによって剥き出しとなった生命に対してはありとあらゆる暴力的介入が事実上可能になる。アガンベンが挙げている例は、強制収容所に送られた人たち（とくに人体実験の被験者とされた人たち）、脳死の人たち、難民たちなどである。

本書で、いまや健康が権利から義務へと顚倒すると、あるいは延命だけが価値をもつと言われているのは、つまりは私たちの生命がこのコロナ騒動で一挙にこの、法権利が身を退いた「剥き出しの生」へと変容させられているという指摘である。生物学的な生が文化的な生から分離された云々ともあるが、これも『ホモ・サケル』の主要な論点の言い換えと読める。つまり、私たちはまるごとナチの収容所に入れられたのと変わりがない。ここからは当然の結果として、重症者が非人間的な扱い（たとえば、近親者にすら会えずに一人で死ぬこと）を余儀なくされるということや、死者が葬儀さえまともに受けられないということが生じてくる。

『例外状態』は、その例外化が法制度自体に折り重なる現象について探求する本である。

そこで扱われるのは要するに、非常事態、緊急事態などとも呼ばれる、通常の法権利が宙吊りとされる法的状態（主権的権力のおこなう例外化が法制度それ自体において合法的に担保される状態）である。自らが法権利の辺縁を意のままに出入りできるこの状態を主権はつねに欲しており、またその状態を法的なものとして恒常化させようとする。ローマ時代の「ユスティティウム（法停止）」以来の系譜を辿りつつ、アガンベンが探求しているのはその例外状態の仕組みである。要するに、その状態においては、主権者（具体的には行政府の長）は合法的に権力分立を無効化し、通常の法を凌駕する形、ないし宙吊りにする形で統治を運営しうる。このようにしてアガンベンは、ヴァルター・ベンヤミンが「歴史概念について」の第八テーゼで口にしている命題「私たちの生きている例外状態はじつは「例外ではなく」規則となっている」が、主権的権力の本来の姿として文字どおり実現されている様を明らかにしていく。

本書の随所で、緊急事態の宣言が、また立法に先行する緊急政令の発布が否定的に云々されるのは、この主権的権力の法制度における限界的な振る舞いとしての例外化を批判するためである。緊急事態や緊急政令の時限性について云々するのは無意味で、主権的権力は最初からこれを恒常化したがっているなどとあるのも、『例外状態』における議論からそのまま引き出せる当然の見解である。首相や市民保護局長の言葉はただちに法の価値をもつ印象があるとも書かれているが、これはアドルフ・アイヒマンの繰り返した言葉「総統《フューラー》の言葉は法の力をもつ」のもじりである。また、本書の第18論考が『例外状態』における議論をふまえていることは言うまでもない。今回の騒動に際して法学者たちがまともな異論を唱えないことを承けて、『例外状態』冒頭にある法学者への問いが第8論考でそのまま繰り返されていることも指摘できる。

『王国と栄光』は――軽く触れるにとどめるが――、主権的権力がかなり以前から携えていた臨機応変にして融通無碍な運営の権能（「オイコノミア」と呼ばれる）の正体を探るべく、初期キリスト教神学を淵源とするこの構成物の系譜を詳細に辿る試みである。この企ては、現代において政治の重心が立法から行政にあからさまに移行していることを承けている。探求の詳細は省くが、最終的に、主権者の君臨（「王国」と呼ばれる）はオイコノミアによって実際の運営が代務されるものの、つねに喝采という形で栄化されることを必要とするということが語られる。その喝采が現代に至ると「世論」と「同意」という形を取るようになる。本書で批判されている臨機応変な行政権の暴走は『王国と栄光』で系譜が辿られていた当のものであり、恣意的な情報流布は現代の喝采たる世論・同意の形成装置として捉えられていると言える。

（その他、本書でエピデミックが「内戦」になぞらえられているのが『スタシス』

——政治学において等閑視されてきた「内戦」概念を政体成立における隠れた要《かなめ》として探求する小さな本——の議論への目配せであることもついでに指摘しておく。トマス・ホッブズ『リヴァイアサン』への言及も『スタシス』を経由している。)

少なくとも以上をふまえたうえで本書を読みなおしていただければ、疑念の余地がありうるかもしれない諸々の細部にもかかわらず、議論の根幹——「主権的権力はコロナ騒動を好機とし、例外状態を成立させ、継続させようとしている。そのために医学をはじめとする他の勢力と結託している。その結果、私たちの生命はまるごと政治の外に締め出された」というほどのもの——が充分に堅固であり、即座の嘲笑や黙殺の対象になるたぐいのものではけっしてないということはおわかりいただけるだろう。私自身、この根幹に関しては修正をいっさい要さないと考えている。本書で問題とされているのが強権主義それ自体ではなく、その元となる、例外化を駆動させる主権的権力だという点は見逃してはならない(単なる強権主義批判であれば反対に個人主義が称揚されてもおかしくないが、そのような立論は本書ではなされていない)。また、今回の例外化行使にもってこいの操作子が距離（とくにネット環境への隔離）だという指摘も否定は難しいだろう。

ついでに言っておくが、私は本書のアガンベンと意見を完全に同じくしているわけではない。私はヘボ革命家よろしく、もっと無責任な夢想ばかりしている。腐りきった従来の社会をそのまま原状回復しなければならないなどとはさらさら思わない。この状況下で政府によって移動がむしろ推奨される倒錯的な国においては極端な蟄居こそむしろ抵抗の形だと考えるし、旅行、外食、服飾といった余剰の消費へと私たちをせき立て欲望を誘導してきた体制自体を、広告権力もろとも、この好機に乗じてつつがなく崩壊させてやりたいとも思う。また、労働環境の思わぬ変化（オンライン云々、リモート云々）をサボタージュの手段として逆用してやり、一種の強いられた、うっすらとした事実上のゼネストのようなものを継続させることで体制を徹底的に壊滅させたいとも願う。いわばセーフ・モードが要求してくる最低限の仕事だけをこなし、積み上がる不都合の数々はそのまま放置すべきであって、現場では従来の水準を念頭に置いた努力などいっさいしてはならない。そのような解決はまわりまわって施政者を利する忖度だったことにしかならない。そうは言ってももちろん、その帰結となる経済活動の縮小によって致命傷を被るべきは富裕層だけであり、私たちは自分たちのありうべき困窮化に泣き寝入りなどしてはならない。表向きの無能さの裏で保身と私利の追求に忙しい厚顔無恥な火事場泥棒の施政者（および、それと結託する富裕層）だけに批判を正当に集中させ、彼らをこそ追い落とさなければならない。そのためには、私たちは次のことを理解する必要がある。悪いのは給付金の不正受給者ではない。政府のばらまく金で旅行し飲み食いする者たちではない。オンライン授業を継続する大学ではない（し、対面授業に踏み切る大学でもない）。クラスターを発生させる施設や団体ではない。ウイルスを拡散させるスプレッダーではない。私たちは誰も悪くない。SARS-CoV-2もCOVID-19も悪くない！　誰も、何も悪くない——無秩序をできるだけ継続させ、混乱からこそ逆説的に甘い汁を吸う、あのろくでもない連中を除いて。

……アガンベンとは別様に、このように粗雑に考える私にとっても、彼が本書で展開している主権的権力批判は無条件に共有できる大前提である。

とはいえ、アガンベンの議論の根幹が充分に堅固だというのは、理のある批判を許さないということではない。たとえばだが、死亡者数や罹患率に関する議論はまるごと、環境への介入によって人口の最適化を図る「セキュリティ」（ミシェル・フーコー）というタイプの権力行使のパターンを前提としてしまっている。だとすれば、しかじかの統計を援引して「コロナに起因する死亡者数はそれほどでもない」と主張した瞬間、それは相手の土俵に乗ってしまったことになるのではないかという懸念が生ずる（それでは、私たちの生命は単なる延命の対象として計上されることを運命づけられてしまう）。もちろん、これを「仮に奴らの言うように数字が問題であるのならば（私はそんな数字など本当は気にしていないが）、こんな数字はいかがだろうか？」というたぐいの皮肉・嫌味と取る可能性も残されてはいるとしてもである。このような批判は――これは単なる思いつきの一例にすぎないが――充分にありうるし、論議にも意味があるだろう。

また、ヨーロッパと日本ではエピデミックの状況も政治状況もおのずと異なるため、議論には必要な変更を適宜加えるべきだが、はたしてどの程度までの変更が最低限必要なのか、また変更後に彼の議論がどこまで説得力を保つのかという問題も当然立てられるだろう。それは読者が自由に考えることのできる問題である。

嘆かわしいのは、このような議論さえあらかじめ封じられてしまうという状況である。ヨーロッパで見られたのはまさに、そのような異様な光景だった。それに対して、私たちの住むこの不思議な対蹠点は幸い、本書をまずは受け容れてくれそうである（その点でもこの国は奇妙ではある）。本書の刊行が今後の自由な議論に資するのであれば、翻訳者としてはこれに優る喜びはない。

最後に、本書には収められなかった「愛が廃止された」と題されたテクスト（出版社クォドリベットのサイトに十一月六日付で公開）を紹介して、結びの代わりとする。

愛が廃止された

健康の名において
愛が廃止された
次いで健康が廃止されるだろう。

医学の名において
自由が廃止された
次いで医学が廃止されるだろう。

理性の名において
神が廃止された
次いで理性が廃止されるだろう。

生命の名において
人間が廃止された
次いで生命が廃止されるだろう。

情報の名において
真理が廃止された
だが情報は廃止されることがないだろう。

緊急事態の名において
憲法が廃止された
だが緊急事態は廃止されることがないだろう。

高桑和巳

ジョルジョ・アガンベン（Giorgio Agamben）

1942年生まれ。美学・言語哲学から出発し、現在政治哲学を中心に著作を発表している。本書の他、単行本として刊行されている日本語訳は以下のとおり（原書刊行順）。『中味のない人間』岡田温司ほか訳（人文書院、2002年）、『スタンツェ』岡田訳（ありな書房、1998年［筑摩書房、2008年］）、『幼児期と歴史』上村忠男訳（岩波書店、2007年）、『言葉と死』上村訳（筑摩書房、2009年）、『到来する共同体』上村訳（月曜社、2012年）、『バートルビー』高桑和巳訳（月曜社、2005年）、『ホモ・サケル』高桑訳（以文社、2003年）、『人権の彼方に』高桑訳（以文社、2000年）、『イタリア的カテゴリー』岡田監訳（みすず書房、2010年）、『アウシュヴィッツの残りのもの』上村ほか訳（月曜社、2001年）、『残りの時』上村訳（岩波書店、2005年）、『開かれ』岡田ほか訳（平凡社、2004年［2011年］）、『例外状態』上村ほか訳（未來社、2007年）、『思考の潜勢力』高桑訳（月曜社、2009年）、『瀆神』上村ほか訳（月曜社、2005年）、『王国と栄光』高桑訳（青土社、2010年）、『ニンファ　その他のイメージ論』高桑編訳（慶應義塾大学出版会、2015年）、『事物のしるし』岡田ほか訳（筑摩書房、2011年［2019年］）、『裸性』岡田ほか訳（平凡社、2012年）、『いと高き貧しさ』上村ほか訳（みすず書房、2014年）、『オプス・デイ』杉山博昭訳（以文社、2019年）、『身体の使用』上村訳（みすず書房、2016年）、『スタシス』高桑訳（青土社、2016年）、『哲学とはなにか』上村訳（みすず書房、2017年）、『実在とは何か』上村訳（講談社、2018年）、『書斎の自画像』岡田訳（月曜社、2019年）。

高桑和巳（たかくわ・かずみ）

1972年生まれ。慶應義塾大学理工学部教授。専門はイタリア・フランス現代思想。著書に『フーコーの後で』（共編著、慶應義塾大学出版会、2007年）、『アガンベンの名を借りて』（青弓社、2016年）、『デリダと死刑を考える』（編著、白水社、2018年）がある。翻訳（アガンベンを除く）にミシェル・フーコー『安全・領土・人口』（筑摩書房、2007年）、イヴ-アラン・ボワ&ロザリンド・E・クラウス『アンフォルム』（共訳、月曜社、2011年）、アレックス・マリー『ジョルジョ・アガンベン』（青土社、2014年）、ジャック・デリダ『死刑Ⅰ』（白水社、2017年）などがある。

私たちはどこにいるのか？
政治としてのエピデミック

2021年3月 3 日　第1刷発行
2022年2月25日　第3刷発行

著者　ジョルジョ・アガンベン
訳者　高桑和巳

発行者　清水一人
発行所　青土社
東京都千代田区神田神保町1-29　市瀬ビル　〒101-0051
電話　03-3291-9831（編集）　03-3294-7829（営業）
振替　00190-7-192955

組版　フレックスアート
印刷・製本所　双文社印刷

装幀　北岡誠吾

Printed in Japan
ISBN 978-4-7917-7361-9　C0010